La Grande Réinitialisation !

La Vérité sur l'Agenda 2021-2030, Les Nouvelles Variantes de Covid, les Vaccins et l'Avenir du Séparatisme Médical

-

Contrôle Mental - Domination du Monde - Stérilisation Exposé !

Rebel Press Media

Avis de non-responsabilité

Copyright 2021 par REBEL PRESS MEDIA - Tous droits réservés

Ce document vise à fournir des informations exactes et fiables sur le sujet et la question traités. La publication est vendue avec l'idée que l'éditeur n'est pas tenu de rendre des services comptables, officiellement autorisés ou autrement qualifiés. Si des conseils sont nécessaires, d'ordre juridique ou professionnel, il convient de s'adresser à une personne exerçant cette profession - à partir d'une déclaration de principes qui a été acceptée et approuvée également par un comité de l'American Bar Association et un comité des éditeurs et des associations.

Il n'est en aucun cas légal de reproduire, dupliquer ou transmettre une partie de ce document, que ce soit par voie électronique ou sous forme imprimée. L'enregistrement de cette publication est strictement interdit et tout stockage de ce document n'est pas autorisé, sauf avec la permission écrite de l'éditeur. Tous droits réservés.

La présentation de l'information est sans contrat ou tout type d'assurance de garantie. Les marques commerciales qui sont utilisées le sont sans aucun consentement, et la publication de la marque est sans autorisation ou soutien de la part du propriétaire de la marque. Toutes les marques et marques déposées dans ce livre ne sont utilisées qu'à des fins de clarification et appartiennent aux propriétaires eux-mêmes, sans être affiliées à ce document. Nous n'encourageons pas l'abus de substances et nous ne pouvons être tenus responsables de la participation à des activités illégales.

1

Nos autres livres

Consultez nos autres livres pour découvrir d'autres informations inédites, des faits exposés et des vérités démystifiées, et bien plus encore.

Rejoignez le cercle exclusif des médias de Rebel Press !

Chaque vendredi, vous recevrez dans votre boîte de réception de nouvelles informations sur la réalité non rapportée.

Inscrivez-vous ici dès aujourd'hui :

https://campsite.bio/rebelpressmedia

Introduction

L'homme transhumain sera intégré à un système de contrôle numérique mondial. Un biocapteur nanotechnologique 5G implantable sera utilisé dès 2021 dans les vaccins Covid-19.

L'agence de développement technologique du Pentagone, la DARPA, et la Fondation Bill et Melinda Gates collaborent avec l'entreprise technologique Profusa pour mettre au point un biocapteur nanotechnologique implantable en hydrogel (substance similaire à une lentille de contact souple). Ce biocapteur, qui est plus petit qu'un grain de riz, peut être injecté en même temps qu'un vaccin et est appliqué juste sous la peau, où il se fond dans le corps. Le composant nanotechnologique permet de contrôler à distance toutes les informations vous concernant, votre corps et votre santé via la 5G. Le biocapteur, qui peut également recevoir des informations et des commandes, devrait être approuvé par la FDA début 2021, juste à temps pour la campagne mondiale de vaccination contre le Covid-19.

En mars dernier, DefenseOne a publié un article sur ce biocapteur en hydrogel, qui est "inséré sous la peau à l'aide d'une aiguille hypodermique". Il contient, entre autres, une molécule spécialement conçue qui émet un signal fluorescent lorsque le corps commence à combattre une infection. La partie électronique fixée à

(/dans) la peau détecte ce signal, puis envoie une alerte à un médecin, à un site web ou à une agence gouvernementale. C'est comme un laboratoire de sang sur la peau qui peut détecter, avant même l'apparition d'autres symptômes tels que la toux, la réaction du corps à la maladie".

Il n'est donc pas difficile de deviner pourquoi ce capteur peut être considéré comme très important par l'élite dans la (soi-disant) lutte contre le Covid-19. Toute personne à qui ce biocapteur - inamovible - est injecté dans le corps sera mise en quarantaine par le gouvernement à la moindre infection, et pourra faire l'objet d'autres mesures coercitives, même si la personne en question n'est pas du tout malade, ni ne présente aucun symptôme.

Un biocapteur surveille toutes les fonctions du corps et les transmet via la 5G

En utilisant l'hydrogel, le biocapteur ne sera pas perçu par le corps comme un intrus et attaqué, mais s'intégrera plutôt à lui. De plus, selon l'entreprise, le capteur peut non seulement détecter les infections, mais aussi surveiller les niveaux d'oxygène et de glucose dans votre sang, ainsi que vos niveaux d'hormones, votre rythme cardiaque, votre respiration, votre température corporelle, votre vie sexuelle, vos émotions - bref, TOUT. Grâce à la 5G, toutes ces informations pourront bientôt être transmises à toutes les autorités médicales et politiques.

Profusa mène actuellement une étude avec l'Imperial College, également financée par Bill Gates, qui est devenue tristement célèbre pour ses prédictions de malheur ridicules concernant Covid-19, qui se sont rapidement révélées totalement fausses. Cependant, c'est sur la base de ces prédictions qu'ont été décidés les lockdowns, l'éloignement social, la destruction partielle de l'économie et l'élimination de nombreuses libertés civiles.

Les humains transhumains seront intégrés au système mondial de contrôle numérique

Le biocapteur, qui pourrait donc être incorporé dans les vaccins Covid-19 dès 2021, est très proche de la réalisation de l'aspiration d'un humain transhumain, dans lequel chacun est totalement contrôlable et même pilotable. Le "nouvel humain", ou l'humain 2.0 tel qu'imaginé par l'élite technologique autour de Bill Gates et Elon Musk, sera progressivement transformé en une sorte de cyborg d'ici 2025-2030, et deviendra une partie intégrante - et donc irréversible - d'un système de contrôle numérique global, dans lequel les libertés individuelles auront complètement disparu, et même le libre arbitre humain, aura été supprimé.

Ce n'est pas pour rien que nous appelons cela le système de "la Bête". Pour la première fois dans l'histoire, la technologie a progressé au point que les prophéties bibliques sur le "signe de la Bête" peuvent être pleinement réalisées et accomplies.

Ce livre est une compilation de nos articles publiés précédemment et de nouveaux articles pour exposer les vaccins avec le contexte adéquat, concernant des sujets tels que la dépopulation et le contrôle du monde par l'élite mondialiste. Si vous souhaitez en savoir plus sur des sujets tels que la grande réinitialisation, nous vous conseillons de lire également nos autres livres, et de les partager avec tous ceux qui vous sont chers.

Nous voulons toucher le plus grand nombre de personnes possible, c'est pourquoi nous continuons à publier notre contenu, pour nous assurer que si un titre est ignoré, l'autre titre reçoit quand même l'attention dont ces sujets ont besoin.

Si nous voulons gagner cette guerre contre l'humanité, nous devons informer tout le monde de la réalité de ce qui se passe en ce moment !

Table des matières

Avis de non-responsabilité 1

Nos autres livres 2

Introduction.. 3

Table des matières.. 7

Chapitre 1 : Agenda 21 9

Chapitre 2 : la folie de l'ARNm 21

Chapitre 3 : La propagande des fausses nouvelles....... 26

Chapitre 4 : La logistique de la peur 38

Chapitre 5 : L'infertilité de Covid ?................................. 42

Chapitre 6 : Plus de liberté... 50

Chapitre 7 : Pas de soins de santé 53

Chapitre 8 : L'agenda 5G.. 57

Chapitre 9 : Biocapteurs nanotechnologiques 5G........ 63

Chapitre 10 : Protestations contre le passeport vaccinal
.... 66

Chapitre 11 : Protestation = Terrorisme ?................... 69

Chapitre 12 : Les vaccins tueurs ?............................... 74

Chapitre 13 : Suppression du système immunitaire 81

Chapitre 14 : Passeports et puces................................. 88

Chapitre 15 : Une dette sans fin ?................................. 93

Chapitre 16 : Plus d'argent ?.. 102

Chapitre 17 : 1921-1922 ? 111

Chapitre 18 : Hyperinflation 118

Chapitre 19 : Dépeuplement imminent 121

Chapitre 20 : Pénurie de carburant............................ 129

Chapitre 21 : Crise alimentaire 132

Chapitre 22 : La prochaine guerre mondiale ?.......... 140

Chapitre 23 : La pression de l'Est ? 148

Chapitre 24 : Berlin est une cible militaire................. 151

Chapitre 25 : L'Occident contre la Russie................... 155

Chapitre 26 : Le nouveau "Green Deal" (contrat vert)159

Nos autres livres 163

Chapitre 1 : Agenda 21

L'État-nation, la liberté et votre voix sont en train d'être complètement détruits. Seule la résistance de masse peut arrêter ce programme anti-humain, qui est déjà mis en œuvre.

Le Café Weltschmerz a publié un entretien avec un expert américain reconnu concernant l'Agenda 21, qui peut être résumé comme une prise de pouvoir qui finira par placer le monde entier sous une dictature technocratique communiste, dans laquelle les individus et les peuples n'auront pas leur mot à dire, pas même sur leur propre santé et leur vie. Avec le canular de la pandémie de peur Covid-19, la phase suivante de ce coup de force contre notre liberté, notre démocratie et notre droit à l'autodétermination a commencé. Ce n'est donc pas pour rien que le Café Weltschmerz met sous sa rubrique "L'agenda caché derrière la destruction de notre société" - une destruction qui est également menée délibérément par les gouvernements mondiaux.

Le journaliste indépendant Spiro Kouras (Activist Post) a interviewé la directrice exécutive du Post Sustainability Institute, Rosa Koire, une spécialiste de l'utilisation des terres et des droits de propriété qui a prononcé des discours dans le monde entier. Son travail peut être consulté sur le site web Democrats United Against UN Agenda21, un site inaccessible au moment de la rédaction de cet article.

Koire est également l'auteur du livre "Behind the Green Mask - UN Agenda 21". L'Agenda 21 a été signé par 178 pays et le Vatican en 1992. Avec cet agenda, une élite mondialiste au pouvoir veut obtenir un contrôle total sur toutes les terres, l'eau, la végétation, les minéraux, la construction, les moyens de production, la nourriture et l'énergie. L'application de la loi, l'éducation, l'information et les gens eux-mêmes doivent également être soumis à ce contrôle total.

Agenda 2030 : étape intermédiaire dans la destruction de l'État-nation et de la liberté

De même, de grandes sommes d'"argent" doivent être déplacées des pays développés vers les pays moins développés. En fin de compte, il s'agit de détruire votre capacité à avoir une voix, un gouvernement représentatif". Les gouvernements nationaux se transforment en administrations. Votre capacité à être libre et indépendant est complètement détruite. L'objectif est de transférer le pouvoir des personnes locales et individuelles vers un système mondial de gouvernement... Il s'agit d'un plan visant à perturber et à détruire le système existant. C'est un plan de transformation et de contrôle, et c'est ce que nous vivons actuellement."

L'Agenda 2030 n'est qu'une étape intermédiaire de l'Agenda 21, tout comme le sont 2020, 2025 et 2050. D'ici 2050, avec l'aide et le soutien de grands noms mondialistes comme Ford, Rockefeller, Soros, Gates, Zuckerberg, Musk, le Pape, et enfin et surtout Rothschild, ce plan perfide doit être achevé. D'ici 2050, tous les États-nations doivent être abolis et la population mondiale concentrée dans un certain nombre de mégapoles qui peuvent englober des États et des pays entiers (tout comme les Pays-Bas, avec la Belgique et la Ruhr allemande, doivent devenir une seule grande ville).

Le but est d'écraser votre capacité à contrôler ce qui vous arrive. Il s'agit d'un plan global, mais il est mis en œuvre localement sous différents noms". Cela est fait délibérément pour détourner l'attention des gens des véritables objectifs.

En fait, tout ce qui est appelé "vert" et "développement durable" relève de l'Agenda 21. Cela inclut le "changement climatique", c'est-à-dire tous les accords et initiatives sur le climat, et certainement Covid-19 . Une crise mondiale exige une réponse mondiale", telle est leur idée. Et cela justifie une gouvernance mondiale".

Le changement climatique et la corona p(l)andémique "sont conçus pour faire paniquer les gens, à tel point que vous craignez littéralement de ne pas y survivre". Que la crise climatique existe ou non n'est même pas pertinent, selon Koire. Elle fonctionne si bien qu'elle aurait été inventée de toute façon (en fait, elle EST inventée, conçue, au début des années 1990, ce qui est littéralement écrit dans les documents de l'ONU).

La "grande réinitialisation (verte)".

M. Skouras évoque ensuite la "grande remise à zéro (verte)" lancée lors du Forum économique mondial de Davos. Mme Koire répond qu'elle "ne veut pas être alarmiste", mais qu'elle est très préoccupée par le fait que cette "réinitialisation" est maintenant mise en œuvre sans tenir compte du coût pour les personnes et la société. Cependant, ils restent derrière leur masque vert, car dès qu'il tombe, les bottes de soldat et les tranchées sortent". Littéralement. Voir aussi notre article du 4 décembre 2019 : 'L'ONU peut utiliser la force militaire contre les pays qui refusent l'agenda climatique' (/ 'L'ONU peut enfoncer des mesures extrêmes dans la gorge des peuples' - Les participants à la conférence sur le climat de Madrid veulent des accords difficiles pour briser la prospérité et la liberté en Europe).

Nous avons maintenant atteint le point où les personnes au pouvoir se soucient à peine des objections et des préoccupations du peuple. C'est une sorte de message qu'ils nous envoient, qu'ils ne se soucient plus vraiment de nous". Il semble que nous ne puissions plus faire grand-chose, mais M. Koire pense que c'est encore possible.

La technologie a maintenant progressé au point que deux grands objectifs, la vie éternelle et la possibilité de créer soi-même la vie, sont devenus très proches. Ces gens n'ont aucune limite éthique, et c'est très inquiétant. Vous l'avez vu avec les nazis, avec Staline, et maintenant. Il n'y a littéralement rien qui puisse arrêter ces gens-là".

Tout et tout le monde sera connecté numériquement

Dans la "quatrième révolution industrielle" qu'ils ont maintenant lancée, tout et tout le monde sera connecté numériquement. Ils parlent d'un nouveau contrat social. Eh bien, avec un contrat, normalement les deux parties ont quelque chose à dire à ce sujet. Mais là, il s'agit d'un contrat où aucun de nous n'a son mot à dire... C'est une des raisons pour lesquelles nous voyons toute cette hystérie dans les rues. C'est parce que c'est une leçon, une communication pour nous : voilà ce qui vous arrive si vous descendez dans la rue et osez vous opposer à notre plan".

Les gens me demandent : qui nous fait ça ? C'est votre gouvernement. Votre gouvernement a été pris en charge. Avec l'aide de groupes et de mouvements comme Antifa et Black Lives Matter, on tente de déclencher un soulèvement. "Nous sommes attaqués. C'est la raison pour laquelle Koire a tourné le dos au parti démocrate. Mais les partis ne sont qu'une distraction. Au sommet, le pouvoir ne connaît pas de parti. Dans cette prise de pouvoir mondialiste, tous les moyens possibles sont utilisés. Le plan est de perturber et de désorganiser, et c'est ce que tout le monde voit maintenant. C'est le plan pour détruire la cohésion sociale, et c'est très réussi.''

Elle qualifie la situation actuelle d'''extrêmement dangereuse", car ce plan est soutenu par des universités, des fondations, des entreprises et des agences gouvernementales. Toutes ces parties ont été endoctrinées, de la maternelle à l'université. Ce sont les 'agents du changement' qui ont été activés".

Transformation" = démolition de l'individu.

Le mot magique largement utilisé est "transformation", que ce soit dans l'éducation, l'économie, la police ou la société. La transformation consiste en réalité à briser l'individu, son alliance avec un "ancien" système, tel que sa famille, ses "anciennes" pensées ou sa foi... Il s'agit d'une technique psychologique qui brise réellement votre personnalité, puis la reconstruit (selon leurs nouvelles normes).''

Le terme "racisme institutionnel", également utilisé par le gouvernement européen, n'est "qu'une excuse pour détruire littéralement votre esprit". Mao Zedong l'a utilisé, Sung l'a utilisé, et les nazis aussi. C'est une technique par laquelle

13

votre personnalité est brisée, afin de vous reconstruire en tant que nouvel être humain, nouveau citoyen du monde".

L'humain doit fusionner avec l'I.A.

Dans ce processus, les I.A. (intelligences artificielles) entrent également en jeu. Une force de police A.I. (mondiale) est en train de voir le jour, mais elle ne sera pas composée d'humains. De même, à un moment donné, les drones ne seront plus contrôlés par des humains, mais par des IA : "Je n'ai pas besoin d'expliquer qu'il existe alors une situation vraiment dangereuse". La Nouvelle-Zélande a récemment lancé officiellement son premier agent de police doté d'une IA et, à Singapour, on utilise désormais des robots intelligents pour faire respecter la distance sociale.

Skouras : "Il s'agit essentiellement d'un programme anti-humanitaire, dans lequel ils veulent fusionner l'humain avec la machine (IA)".

Par les mesures Covid-19, tout le monde a été déclaré ennemi potentiel les uns des autres. L'idée est que vous ne faites plus confiance, même aux membres de votre famille et à vos amis les plus proches. Dans le même temps, notre santé est également dégradée, ce qui, selon Koire, est un élément très important du plan Agenda 21. Il s'agit du plan visant à tout inventorier et à tout contrôler, y compris votre ADN (d'où l'insistance du gouvernement pour que le plus grand nombre possible de personnes se fassent tester pour le Covid-19 - ce qui permettra de prélever et de stocker immédiatement votre ADN)".

Avec votre "statut de crédit social", comme en Chine et bientôt aux États-Unis et en Europe, vous devez "prouver" que vous êtes un citoyen loyal et obéissant, "digne" de continuer à vivre dans le nouvel ordre. Le système, bien sûr, fait cela depuis un certain temps déjà en favorisant certaines personnes talentueuses, que les autres doivent ensuite payer. Le système chinois va être déployé sur toute la planète.

Vaccin de dépopulation

"Les Chinois ont aussi accepté dans les années 90 de travailler avec les USA sur un vaccin de dépopulation. Sont-ils allés jusqu'au bout ? Ce vaccin existe-t-il aujourd'hui, et est-il "vendu" à l'humanité sous un autre nom (peut-être un vaccin Covid-19 ?)? Quoi qu'il en soit, "la dépopulation est une partie essentielle du plan". S'il est déterminé que vous n'avez pas assez de valeur, et/ou que vous prenez trop d'espace, que vous utilisez trop d'énergie, trop d'eau, trop de terre, alors vous devez être " isolé " et relocalisé.

La grande majorité de l'humanité sera contrainte de vivre dans des mégapoles ("multiculturelles"), où chaque aspect de notre vie sera contrôlé et géré 24 heures sur 24, 7 jours sur 7 et 365 jours par an. Ce plan vous privera littéralement de toute liberté. Et il ne s'agit pas d'un plan pour l'avenir, mais de quelque chose qui se passe déjà en ce moment. Donc, ce n'est pas seulement en 2030 ou 2050. 2020 est vraiment une année très importante. Beaucoup de ces plans sont maintenant déployés au niveau régional.

Nous avons été massivement trompés par nos dirigeants et leurs conseillers", a déclaré le Dr Mike Yeadon, ancien vice-président de Pfizer, dans une interview accordée à la Stiftung Corona Ausschuss (Allemagne) il y a un peu moins de deux semaines. Ce que je m'apprête à dire va choquer tout le

15

monde". M. Yeadon a averti que le "rechargement" constant des vaccins Corona, comme cela semble être l'intention aujourd'hui (l'"abonnement aux vaccins", comme nous l'avons appelé l'année dernière), est non seulement totalement inutile, mais aussi dangereux pour la vie, car tous ces vaccins ne passeront pas par le processus d'approbation normal. Des séquences génétiques seront injectées directement dans les bras de centaines de millions de personnes... Cela pourrait causer des blessures graves et la mort d'une proportion importante de la population mondiale.

L'immunologiste et expert en organes respiratoires Yeadon - qui, soit dit en passant, a quitté Pfizer depuis une dizaine d'années - a déclaré que le "très grand nombre de décès" survenus après les vaccinations corona n'était "pas une coïncidence". Il a qualifié d'"arrogant" le fait que les fabricants de vaccins supposent que ces nouveaux vaccins, qui ordonnent à l'organisme de produire une protéine de pointe du virus corona, ne causeront pas de problèmes majeurs, car des études scientifiques avaient déjà montré le danger que cette technologie provoque une réponse (auto-)immunitaire beaucoup trop forte chez de très nombreuses personnes, ce qui pourrait les rendre gravement malades, voire les tuer. Les trois derniers mois ont montré que c'est effectivement le cas.

Tous ces vaccins génétiques (Pfizer-AstraZeneca-Moderna) représentent un risque fondamental pour la sécurité de la population", a-t-il averti.

En raison de la mauvaise connexion, le Dr Reiner Füllmich, l'un des responsables du comité allemand, a résumé ce qu'il avait dit. Selon le Dr Yeadon, ce qui se passe actuellement est un crime très grave, commis par de "mauvais acteurs", notre propre élite politique et "scientifique" autoproclamée... La protéine spike est biologiquement active, et est précisément reproduite par les vaccins. Cela provoque une réaction auto-immune, comme une tempête de cytokines. Plusieurs milliers de personnes en sont déjà mortes en Europe. En Israël, 40 fois plus de personnes de plus de 80 ans et 260 fois plus de personnes plus jeunes sont déjà mortes du vaccin que du Covid-19. De tous les autres pays, nous recevons des rapports similaires".

Tous les vaccins incitent votre corps à fabriquer cette protéine de pointe, et ce n'est pas une bonne chose pour vous... Elle est biologiquement active, déclenche des processus biologiques et entraîne la perturbation totale, voire la destruction, de certaines fonctions corporelles", a répété Yeadon.

Les effets des vaccins peuvent se manifester après des jours, des semaines, des mois, voire des années.

Il dépend du système immunitaire de la personne et de la réaction de ses cellules aux instructions génétiques que ces effets se produisent immédiatement, à court terme, ou seulement à moyen ou long terme. Par conséquent, les personnes qui se font vacciner aujourd'hui et qui disent "il ne se passera rien" ne sont absolument pas en sécurité. Les effets peuvent survenir demain, le mois prochain, l'année prochaine ou même quelques années plus tard. Si j'étais une institution (médicale), je ne fournirais plus ces vaccins", a souligné M. Yeadon.

17

Entre-temps, des dizaines de millions d'Européens et plus de 100 millions d'Américains se sont déjà fait injecter ces produits, et il ne semble pas que les responsables politiques aient l'intention de se demander si ces "vaccins" présentés comme du génie génétique sont vraiment aussi "sûrs" que le prétendent les fabricants.

Le Dr Füllmich a ensuite réitéré les propos de Yeadon selon lesquels les "vaccins" actuellement dispensés ne sont en réalité pas des vaccins, mais "quelque chose de complètement différent. Ce n'est classé comme un vaccin que parce qu'il est utilisé comme un vaccin". Or, il ne s'agit pas de vaccins, mais de substances qui relèvent de la thérapie génique, de la manipulation génétique. Le pire, c'est que de très nombreux effets secondaires (graves) peuvent ne pas être liés à ces substances, précisément parce qu'elles sont faussement utilisées comme "vaccins".

La première étape est la sensibilisation, la deuxième étape est l'action.

Peut-on encore arrêter cela ? La prise de conscience est la première étape de la résistance", dit Koire. L'action est la deuxième étape. Les gens doivent comprendre que nous sommes aujourd'hui conditionnés à rester passifs, et à penser que si nous appuyons sur "j'aime" sur les médias sociaux, nous sommes politiquement actifs. Mais vous n'êtes pas un activiste politique si vous ne sortez pas de chez vous". D'où tous ces verrouillages et cette distanciation sociale - ils veulent déclarer à l'avance illégale et impossible toute opposition de masse à ce plan de démolition et de contrôle total de l'Agenda 21.

Et ne dites pas que votre gouvernement est si mauvais que vous ne pouvez rien y faire. Je suis sûr que ça en a l'air, mais c'est parce que vous avez laissé les choses aller si loin. Ça ne s'améliorera pas si vous laissez faire. C'est pourquoi nous pensons que vous devez vraiment "occuper" votre gouvernement (occupy, également "saisir", "occuper" ou "occuper"). ÊTRE votre gouvernement. Oui, nous sommes dans la partie finale, et il ne reste plus beaucoup de temps. Donc, vous auriez dû faire cela il y a un certain temps'.

Les gens doivent commencer à reconnaître l'Agenda 21, même dans leur propre localité et région. Parlez-en à votre conseil local. Parlez-en continuellement aux représentants du peuple. Il est probable que chaque point de l'ordre du jour de votre conseil municipal soit lié à l'Agenda 21". Elle conseille aux gens de consulter son site web et de lire son livre afin de "découvrir comment ils manipulent l'opinion publique, pour que vous ne leur causiez pas de problèmes. Ils veulent que vous restiez chez vous dans votre fauteuil".

Alors, agissez, parlez aux gens et aux responsables, distribuez des tracts, partagez des vidéos, écrivez et publiez à ce sujet. Parce que le simple fait de savoir que cela se passe, sans rien faire, ne suffit plus. Il faut devenir politiquement actif et être prêt à ne pas tout reprendre immédiatement à son compte. Par exemple, ils veulent commencer à remplacer la réalité par la RV (réalité virtuelle), parce que cela rendrait la vie tellement plus amusante. 'Mais dès que vous commencez à faire cela, votre vie est terminée. Donc, vous devez résister.'

Ne croyez pas Wikipédia, l'Agenda 21 est un programme anti-humain.

19

"Où que vous travailliez, où que vous soyez, parlez-en. Beaucoup de gens n'aimeront pas cela, et ne vous aimeront pas (plus). Mais qu'il en soit ainsi, car ce plan est réel, et il est mis en œuvre en ce moment même, que cela nous plaise ou non. L'Agenda 21 n'est PAS ce que Wikipédia vous dit. Il n'est PAS volontaire et n'est pas "non contraignant". Pour vous, ce plan est obligatoire..... Alors combattons-le ensemble. Nous devons tous nous y opposer.

Ils le vendent comme quelque chose qui va améliorer et sauver le monde, le climat, l'environnement. Mais (l'Agenda 21 / 2030) est un agenda anti-humain qui est mis en œuvre en ce moment même. Nous ne voulons pas emprunter ce chemin sombre, ce chemin vers la tyrannie".

Un faux mémorandum prévoit un verrouillage permanent dans quelques semaines.

Un soi-disant mémorandum du gouvernement britannique indiquerait que le pays va se mettre en confinement permanent dès 3 semaines ou en août car - malgré les vaccinations de masse - une "troisième vague" avec principalement la variante du delta indien est attendue. Le document, dont l'authenticité ne peut être confirmée et qui est très probablement un faux*, aurait été rédigé par le tristement célèbre alarmiste Dr Neil M. Ferguson, qui a été discrédité pour ses modèles de pandémie complètement démystifiés de l'année dernière, dans lesquels il prévoyait au moins un demi-million de décès pour la seule Grande-Bretagne.

Chapitre 2 : la folie de l'ARNm

*Il s'agit d'une bombe à retardement mondiale :
N'importe quel individu vacciné finira par subir des
effets néfastes, et l'autopsie de personnes vaccinées
confirme que l'ARNm et les protéines de pointe se
déplacent vers tous les organes", déclare un spécialiste
des maladies infectieuses.*

Plusieurs enquêtes scientifiques ont discrédité de
manière décisive l'affirmation selon laquelle les vaccins
Covid-19 ne résident que dans les tissus musculaires,
qui a persisté pendant des mois. Désormais, l'autopsie
d'une personne vaccinée décédée révélerait que les
instructions génétiques de l'ARNm, similaires à la
protéine de pointe créée par les vaccins, se sont
propagées dans tout le corps, vers tous les organes.
"Cela signifie qu'en fin de compte, TOUTE personne
vaccinée connaîtra des effets secondaires graves", a
déclaré un médecin spécialiste des maladies
infectieuses du New Jersey, horrifié, qui n'a pas
souhaité être identifié par crainte de représailles.

Comme cet ARNm a transformé les personnes vaccinées
en "usines à pointes" permanentes, les effets seront
presque certainement irréversibles. Par conséquent,
conclut-il, "c'est une bombe à retardement mondiale".
L'autopsie d'un homme vacciné par Covid serait la
première de ce type. Elle a révélé que de l'"ARN viral" a
été identifié dans pratiquement tous les organes de

l'homme décédé, âgé de 86 ans, 24 jours après l'injection.

Lorsqu'il n'y a pas de Covid et que le test est négatif, un ADE est déclenché par une combinaison vaccin-virus mortelle.

La santé de l'homme s'est détériorée après sa première injection de Pfizer le 9 janvier, nécessitant une hospitalisation après 18 jours. Il ne présentait aucun symptôme clinique de Covid, et son test s'est également révélé négatif.

En conséquence, "aucune anomalie morphologique liée au Covid" n'a été découverte dans son corps, selon le rapport post-mortem.

Selon les autorités médicales, l'homme de 86 ans a attrapé le Covid d'un autre patient de l'unité, mais l'autopsie montre que les dommages à ses organes sont survenus avant son admission. Ce qui ne laisse qu'une seule cause possible : la vaccination. Et lorsque l'homme a été infecté à l'hôpital, il n'a eu aucune chance, souffrant d'une réaction ADE, contre laquelle de nombreux scientifiques indépendants (dont le professeur Pierre Capel) et spécialistes mettent en garde depuis des mois.

L'ARNm du vaccin produit l'ARN du virus ?

Le vaccin n'a pas pu empêcher le virus d'infecter tous les organes", explique Hal Turner, un animateur de radio américain. Cependant, une autre possibilité est que l'"ARN viral" ait été en fait produit par l'ARNm du vaccin.

Enfin, tous les vaccins approuvés en Occident ordonnent à l'organisme de générer la protéine spike du virus. Seule cette protéine de pointe - modifiée à dessein pour mieux se connecter aux récepteurs ACE2 humains - est responsable de tous les dommages causés à la santé, selon une étude récente de Pfizer au Japon, et elle se répand dans tout le corps après la vaccination, même dans le cerveau, comme le montre une étude récente de Nature Neuroscience.

En conclusion, la déduction logique est la suivante :

si le corps déborde d'"ARN viral", ce qui aurait tué le patient.

* ... il a été démontré que seule la protéine spike est la composante nocive du virus.

Les vaccins * et ARNm indiquent au corps humain de produire cette protéine de pointe.

* d'une manière qui la fait adhérer aux cellules humaines encore mieux que la protéine de pointe virale.

Le patient est mort à la suite d'un EIM provoqué par la protéine de pointe.

* Il n'avait pas de Covid-19 lorsqu'il a été admis pour des problèmes de santé 18 jours après sa vaccination, donc cela doit provenir (principalement) du vaccin.

Les personnes qui continuent à rassurer les autres et à se rassurer elles-mêmes en affirmant qu'elles ont été "vaccinées il y a des mois et qu'elles n'ont rien à craindre" devraient se rappeler que les répercussions de ces modifications intentionnelles de l'ADN sont similaires à celles du cancer en ce sens qu'elles peuvent se développer rapidement mais aussi lentement. Un seul problème : une fois qu'il est là, il ne disparaît pas de lui-même.

Les vaccins ont-ils déjà un impact sur le jugement ?

Nous venons d'écrire : "Vous n'avez pas à vous inquiéter". Est-il possible, cependant, que certaines personnes qui ont été vaccinées le fassent ? J'ai reçu un message d'une connaissance qui disait avoir tout tenté pour empêcher deux de ses copains de se faire vacciner. Mais c'était en vain. Les deux copains ont tout de même été vaccinés ; l'un d'entre eux est maintenant continuellement en course, et l'autre a dû être hospitalisé en raison d'une grave thrombose (info anonyme publiée avec autorisation).

Et, vous l'avez deviné, les médecins impliqués ont déclaré que cela ne pouvait pas être lié au vaccin avant même le diagnostic et l'examen. Et, bizarrement, les victimes l'ont cru aussi. Bien sûr, ce ne sont que des conjectures, mais cette incapacité à penser clairement, à prendre des décisions judicieuses et à tirer des conclusions pourrait-elle être le résultat de lésions cérébrales induites par ces mêmes vaccins ?

Une bombe à retardement à l'échelle mondiale

Lorsqu'il a vu le rapport post-mortem, un spécialiste des maladies infectieuses du New Jersey a déclaré qu'il était stupéfait. Les gens croient que seul un petit pourcentage des personnes vaccinées subit des effets secondaires. Comme ces protéines de pointe s'attachent aux récepteurs ACE2 dans tout le corps, cette étude suggère que tout le monde finira par ressentir des effets négatifs".

Cet ARNm aurait dû rester là où il a été injecté, mais ce n'est pas le cas. En conséquence, les protéines de pointe produites par l'ARNm vont se retrouver dans tous les organes. Et nous savons que les dommages sont causés par cette protéine de pointe.

Chapitre 3 : La propagande des fausses nouvelles

Comment six mois de Fake News vous affectent absolument" - Quelle est la "logique" derrière le test PCR et la prétendue augmentation de l'incidence des "infections"? : "La terre est ronde, tout comme une crêpe. Le vaccin Covid d'Oxford a été mis au point à partir de cellules rénales embryonnaires humaines génétiquement modifiées.

Le professeur (em.) d'immunologie Pierre Capel commence son dernier " cours " sur YouTube avec l'idée que " six mois de Fake News peuvent vous transformer complètement ". Si on vous avait demandé il y a un an si vous seriez génétiquement modifié parce que vous étiez terrifié par la grippe, qu'auriez-vous répondu ? Quelle était votre réponse, à votre avis ? Mais, après six mois de Fake News, vous avez changé d'avis et avez dit "Oui, s'il vous plaît !". Mais savez-vous ce qu'est une modification génétique virale ? Non, je n'en ai aucune idée, mais c'est notre seul espoir, non ?

M. Capel cite également un bulletin officiel de l'OMS datant du 14 octobre 2020, qui affirme que le taux de mortalité parmi les malades (IFR) pour l'ensemble de la population jusqu'à l'âge de 70 ans n'est que de 0,05 %, et que le corona est identique à la grippe saisonnière, même chez les personnes âgées.

(Bien sûr, les médias corporatistes crachent aujourd'hui une nouvelle dose de terreur, en proclamant à grands titres qu'"entre mars et juin, 168 000 personnes de plus que prévu sont mortes dans l'UE". Il suffit de regarder les statistiques européennes officielles sur EuroMOMO (en particulier la ligne pointillée rouge avec "augmentation substantielle") et vous verrez qu'il s'agit encore d'un autre titre trompeur, manifestement manipulateur, conçu pour vous maintenir dans un état de panique constant afin que vous ne réfléchissiez pas à ce qui se passe réellement. L'apparition d'un virus n'est pas un gros souci.

"On va parler de quelque chose qui n'a pas existé, notamment de la deuxième vague", dit Capel. Il fait référence aux chiffres officiels, qui montrent qu'il n'y avait plus de patients enregistrés pour le Covid à la fin du mois de juin. Puis les gens sont devenus fous avec les tests PCR. On assiste alors à une épidémie massive d'"infections", mais est-ce vraiment vrai ? Si c'était vrai, il devrait y avoir une augmentation significative du nombre de personnes qui meurent. Or, il n'y en a pas.

D'une pandémie commune à une épidémie de cas fictifs

Nous avons eu une épidémie qui s'est poursuivie comme la grippe et qui est passée jusqu'en juin ; après juin, nous avons eu une "épidémie de cas", c'est-à-dire une épidémie de tests PCR purement positifs qui, comme vous le savez, ne peuvent révéler aucun virus,

27

donnent 94 % de faux positifs et ne permettent donc pas de savoir si une personne est infectée, et encore moins malade.

L'image était la même dans tous les pays : au printemps, nous avons connu " une infection respiratoire virale saisonnière typique ", ce qui se produit chaque année. Covid-19 suit le même schéma que Covid-1 à 18. 'Pour l'instant, il y a très peu d'admissions à l'hôpital et aux soins intensifs, ainsi que très peu de décès.' Le test PCR est l'unique moyen d'identifier la deuxième vague.

Puis, avec la simplicité qui le caractérise et qui est accessible à toute personne ayant fait au moins une année d'études secondaires, il explique le fonctionnement technique du test PCR. Essentiellement, le test PCR (par écouvillonnage du nez ou de la gorge) prend une petite quantité d'ARN et l'amplifie de manière exponentielle : après 35 cycles, une molécule métaphorique a été multipliée par un demi-milliard. En règle générale, le test s'arrête au bout de 20 cycles.

La deuxième vague de l'année dernière était entièrement constituée d'"infections" inutiles et non prouvées.

Lorsque vous considérez le nombre de tests qui sont maintenant effectués en même temps, vous pouvez voir comment il y a une création d'amorces qui ne peut être levée pour la rendre totalement pure. C'est un gros travail, et cela coûtera beaucoup d'argent". L'OMS voulait savoir si c'est ainsi que l'on montre un virus ; ce n'est PAS le cas ; on ne montre qu'un petit morceau de virus - pas d'infection, pas de virus vivant.

L'OMS a décidé que les tests prolongés avec trois amorces de virus (présumés) étaient trop coûteux et trop longs. Par conséquent, deux amorces ont été éliminées et la troisième amorce n'a été testée que pendant 35 tours. Un test PCR a normalement un multiplicateur allant jusqu'à un million. Mais comme il n'y avait pas assez de tests positifs, ils ont porté ce chiffre à plus d'un demi-milliard ! Et si vos amorces ne sont pas propres, eh bien...

En d'autres termes, il n'y a pas eu de pandémie, mais le gouvernement s'est senti obligé de s'y préparer. Et c'est pour cette raison que l'utilisation généralisée des tests PCR a été mise en route.

Tout d'abord, le test PCR ne fournit aucune information sur la viabilité du virus. C'est juste un fragment d'ARN qui pourrait provenir d'un virus, mais qui pourrait aussi provenir d'un virus que vous avez eu il y a trois ans ou d'autre chose. C'est là que tout est immunisé", dit le narrateur. Puis il affiche à nouveau les chiffres officiels de l'OMS. La triste réalité est que nous sommes en Europe.

Le nombre d'"infections", comme ils les appellent, est représenté par la ligne bleue. C'est donc le test PCR qui est revenu positif'. Les lignes verte (hospitalisations) et rouge (décès), en revanche, ne suivent pas du tout la ligne bleue et sont restées largement inchangées depuis des mois.

La terre est ronde, une crêpe est ronde ; donc la terre est une crêpe".

Le code rouge et le confinement de l'année dernière étaient basés sur la ligne bleue, ce qui montre simplement combien de personnes ont été testées. Si on appelle cela une deuxième vague, bien sûr ! Par conséquent, un "test PCR positif" n'a rien à voir avec le concept d'infection. C'est un peu comme l'équation suivante : "La terre est ronde, et la crêpe aussi. Par conséquent, la terre est une crêpe'.
Oui, quelques personnes de plus ont souffert d'infections respiratoires l'année dernière, mais cela se produit chaque année (à partir de l'automne).

La surmortalité (due à la grippe, au rhino, au corona, au VRS et à d'autres maladies) était de 7500 en 2016-2017, de 9400 l'année suivante et de 6130 en 2019-2020. Nous pouvons maintenant observer que la véritable "deuxième vague" de 2020, basée sur de véritables malades plutôt que sur des tests PCR sans valeur, correspond aux malades typiques de la première vague d'automne. Ce que nous observons en octobre 2020, c'est principalement le "rhino virus" (virus du rhume).

Pour un mètre (1,5), la distanciation sociale, les masques faciaux et le verrouillage n'ont pas fonctionné.

Selon les statistiques internationales, toutes les "mesures" (1,5 mètre, masques faciaux et confinement) sont inefficaces pour un seul mètre. Nous pourrions passer des heures à afficher des graphiques démontrant que (l'histoire officielle) est incorrecte. Selon les médias, la Suède, le vilain garçon de la classe, n'a pris presque aucune mesure, a tout laissé ouvert et a permis à la société de continuer comme d'habitude. Et que pensez-vous voir ? C'est le même gradient, dit le narrateur (avec même un pic beaucoup plus bas que les pays aux verrouillages les plus stricts, l'Italie, la Grande-Bretagne et l'Espagne).

Un autre exemple clair est celui des 47 600 pubs populaires du Royaume-Uni. Il est tout à fait impossible d'y respecter une distance de 1,5 mètre ; les masques ne sont pas utilisés et la ventilation est souvent mauvaise. Avec une moyenne de 1 000 connexions par bar chaque semaine, le nombre total de "mauvais" contacts est stupéfiant : 618 800 000 par semaine. Quel effet cela a-t-il sur le nombre de malades et de morts ? ZÉRO. Il n'y a aucun effet du tout ! Si les masques et les mètres 1,5 étaient vraiment efficaces, le nombre de malades et de morts aurait explosé. Or, rien ne s'est produit.

Ensuite, il présente une vidéo d'un test qu'il a effectué avec de nombreux masques de protection. Il est évident que toutes les versions portées par le grand public sont aussi poreuses qu'une passoire. Il n'y a aucun effet détectable dans les statistiques des nations qui ont rendu les masques obligatoires, comme la Pologne et l'Autriche. Par conséquent, les masques sont inutiles.

Et qu'en est-il du mètre et demi ? Rien n'est plus faux". Depuis des mois, on débat par oui ou par non pour savoir si les grosses ou les petites gouttelettes sont meilleures (aérosols). Les aérosols jouent un rôle clé, selon une étude du RIVM de 2010. Dans ce cas, vous devez maintenir une distance de 10 mètres au lieu de 1,5 mètre. Cela n'a aucun sens. La distanciation sociale détruit l'ensemble de la société, mais cela ne fait aucune différence pour Covid."

Les mesures sont inefficaces contre les virus, mais elles sont efficaces contre la peur.

Les gouttelettes de brouillard sont nettement plus grosses que les aérosols. Pourtant, observez-vous leur chute dans un rayon de 1,5 mètre lorsque vous traversez la forêt ? Non ! Les aérosols flottent dans l'air. On ne saurait trop insister sur l'importance de la ventilation. À l'extérieur, les problèmes sont mineurs, et une fois l'épidémie terminée, les difficultés à l'intérieur sont mineures (mais sont liées à la ventilation)".

Par conséquent, nous pouvons dire que les contre-mesures du virus sont inefficaces. Mais que font-ils exactement ? Sur la peur ! Sur les actions des gens et les interactions sociales. Tout est fichu ! Dans les pays les moins riches, il produit une pauvreté généralisée et d'autres formes de misère (chômage de masse, grand nombre de malades). "Ils meurent maintenant comme des rats dans des nations comme l'Inde et l'Indonésie. "Mais bon, tant que ce n'est pas ici", ajoute Capel avec sarcasme.

Ce n'est pas un vaccin ; la protéine du SRAS-CoV-2 est insérée dans votre génome".

Cependant, ils ont trouvé une solution : LA vaccination. Les choses ont déjà dérapé à plusieurs reprises avec des études comme la vaccination d'Oxford (inflammation de la moelle épinière / paralysie). C'est concevable...", poursuit Capel, sarcastique. Mais ce n'est pas du tout un vaccin ! C'est du génie génétique. C'est un adénovirus provenant d'un chimpanzé qu'ils ont modifié pour lui permettre d'infecter les humains. Ils ont cloné la protéine spike (la protéine avec laquelle Corona interagit) dans ce virus. Ce n'est pas un vaccin, c'est juste une manipulation génétique". Il a été généré dans des cellules rénales embryonnaires humaines qui avaient été génétiquement modifiées.

Comment font-ils ? Le SRAS-Cov-2 est une protéine qui peut être insérée dans votre génome et exprimée dans une variété d'organes. Ensuite, ils attendent simplement qu'une réponse immunologique se déclenche pour agir. Cependant, cela peut potentiellement devenir une spirale hors de contrôle*. Si nous constatons également que des embryons humains sont utilisés à cette fin et que certains gènes tumoraux y sont insérés pour qu'ils se développent, nous pouvons en conclure qu'il s'agit simplement d'une altération génétique.

(Quel est notre point de vue à ce sujet ? La prochaine "pandémie" sera causée par le vaccin Covid, qui sera déployé dans encore plus de cycles de vaccination. Le but ultime : chaque personne sur la planète doit être vaccinée et donc génétiquement modifiée de façon régulière, tandis que les "refusants" doivent être ostracisés et finalement éliminés loin).*

L'ensemble de la race humaine sera génétiquement modifiée à partir de cette année.

Ainsi, à partir de cette année, l'ensemble de la population humaine sera génétiquement modifiée à une échelle sans précédent dans le monde. La vaccination est un euphémisme pour ce processus. Ce n'est pas un vaccin ; c'est un mélange de protéines de bactéries ou de virus ou de fragments de membrane mélangés à un tas d'ordures pour stimuler le système immunitaire. Cependant, si vous injectez cela dans le corps et que cela provoque une réaction, il s'en ira. Le vaccin d'Oxford, en revanche, n'est pas un vaccin et ne disparaîtra pas".

Les embryons humains... Les HUMAINS qui ont été génétiquement modifiés...

Le coronavirus étant sujet à des altérations, on ne sait pas si ces altérations sont également présentes dans la protéine de pointe du vaccin. Si ce n'est pas le cas (et les chances sont assez élevées, voire proches de 100 %), alors ce "vaccin" est inutile.

Par conséquent, au lieu de la vaccination, on a recours à une nouvelle technologie : la modification génétique. Il y a beaucoup de malentendus à ce sujet. Les tests sur les animaux sont omis à la hâte, et toutes sortes de choses sont criées, et cela devient le "salut" de tout. Capel dépeint une image dramatique d'un essai nucléaire en surface dans les années 1950 aux États-Unis, avec des centaines de soldats qui observent à distance de sécurité. On leur avait conseillé que des "lunettes de soleil décentes" suffiraient à les protéger... (Dans les années 1970, presque tous ces hommes avaient développé une leucémie et d'autres tumeurs).

Contrôle des foules ; la monstrueuse campagne de désinformation des médias grand public

Donc les procédures sont inefficaces contre le virus, mais elles sont incroyablement efficaces pour contrôler la foule. Ces mesures sont admirables, mais dans quel but ? Cela n'a rien à voir avec le virus. En outre, une campagne de désinformation est en cours (par les médias grand public, l'OMT et le cabinet). Nous sommes constamment assaillis d'histoires bizarres, ce qui nous rend tous très anxieux, et nous suivons aveuglément toutes les règles. Ces mesures ont un effet, mais sur quoi ont-elles un effet ?

Contrôle de la population par un régime totalitaire

Alors, quels sont les avantages de l'enfermement, des 1,5 mètres et des bouchons ? Afin de maintenir un contrôle totalitaire sur la populace. Alors vous utilisez toutes sortes de mensonges pour terrifier les gens. Puis vous induisez des difficultés et une misère massives via les lockdowns, comme des faillites et des famines.

Ensuite, vous utilisez des masques qui n'ont aucun sens pour terroriser les gens au point qu'ils le demandent. Si vous renforcez la terreur des gens, ils demanderont davantage de dictature, comme l'avait prédit George Orwell.

Big Pharma - Big Data - Big Banking - Big Reset - Big Scam !

Capel conclut : "Je ne suis pas un théoricien de la conspiration". Ces mesures, en revanche, sont prescrites au niveau international à partir d'une source unique : l'OMS, qui est reliée à d'autres systèmes (dont le partenariat GAVI de Bill Gates pour les vaccins). Une chose qui est évidente, c'est que ce 'vaccin', cette manipulation génétique, génère une quantité importante de revenus.... Le gouvernement a déjà dépensé une somme d'argent importante (des centaines de millions de dollars) pour un vaccin qui n'existe pas. Il s'agit d'une somme d'argent considérable pour "Big Pharma".

'Puis vous réalisez que tout le monde est tenu d'avoir une application, qui peut ou non être 'pucée'.' Ensuite, il y a le " Big Data ", le nouvel or, et le " Big Banking ", car les flux monétaires seront entièrement modifiés (numérisation complète des paiements en / à partir de 2021).

Alors, à quel point est-ce un "Big Reset" et une "Big Scam" ? Je dois dire que c'est incroyable, et que je n'aurais jamais pu l'imaginer, même dans mes rêves les plus fous".

Il y a une insistance frénétique sur ces tactiques, qui fonctionnent très bien pour le contrôle des foules et la déstabilisation de la société, de sorte que nous assistons maintenant à l'adoption de lois d'urgence qui éliminent complètement la démocratie.

Puis, en mars de l'année suivante, des élections auront lieu, en plein milieu du Covid-20 (ou Covid-21). Prétendront-ils alors que c'est la raison pour laquelle ils sont incapables de convoquer une élection ?

Chapitre 4 : La logistique de la peur

Le Dr Hodkinson, président depuis 20 ans de la société de biotechnologie qui vend actuellement les tests Covid-19, prévient que les tests ne démontrent pas une infection clinique et blâme "l'hystérie médiatique et politique".

De plus en plus d'éminents scientifiques s'élèvent contre ce qui est fait au nom de la lutte contre le coronavirus actuel, notamment en Occident. Le Dr Roger Hodkinson, virologue et spécialiste en pathologie, a été l'ancien président du Comité d'examen de la pathologie du Collège royal des médecins du Canada à Ottawa, le PDG d'un grand laboratoire médical privé à Edmonton, et le PDG et directeur médical de Western Medical Assessments, l'un des producteurs des tests Covid-19, pendant 20 ans. La politique de Western en matière de corona est "une hystérie totalement injustifiée", selon le Dr Hodkinson, et "la pire escroquerie jamais perpétrée sur des personnes naïves."

Le Dr Hodkinson a fait remarquer, lors d'une récente réunion publique vidéo/audio d'un comité du conseil municipal d'Edmonton, que le Covid-19 n'est "rien de plus qu'une solution pour la saison de la grippe". Ce n'est pas le virus Ebola. Ce n'est pas le SRAS (-1). C'est la politique contre la médecine, et c'est un jeu dangereux à jouer".

"La vérité est que les médias et les politiques alimentent une frénésie publique sans fondement. C'est ridicule. C'est la plus grande ruse jamais perpétrée sur le grand public.

Les masques faciaux sont absolument inutiles ; aucune autre politique n'est nécessaire.

Le scientifique a souligné qu'il n'était pas nécessaire de prendre des mesures supplémentaires par rapport à ce qui se fait habituellement lors d'une grippe saisonnière. Quand nous étions malades, nous restions à la maison et mangions de la soupe au poulet au lieu d'aller voir grand-mère. Nous n'avions pas besoin de quelqu'un pour nous dire si nous devions ou non retourner au travail".

Il affirme que les protège-dents sont absolument inefficaces. Il n'y a aucune preuve qu'ils fonctionnent... (les masques) sont simplement là pour montrer que vous êtes vertueux... Vous voyez tous ces gens qui marchent comme des lemmings, qui obéissent sans poser de questions et qui se couvrent la bouche avec un protège-dents".

"Tout doit rouvrir demain, et tous les tests doivent être arrêtés.

En même temps, la séparation sociale est futile. Covid est dispersé par des aérosols qui parcourent 30 mètres avant d'atterrir (*peut-être 30 pieds = environ 10 mètres). Les répercussions imprévues des lockdowns sont terrifiantes ! Comme indiqué dans la (signée par des dizaines de milliers de scientifiques, de médecins et autres spécialistes) Déclaration de Great Barrington, que j'ai diffusée avant cette réunion, "tout devrait être à nouveau ouvert demain".*

Je vends des tests (Covid), mais je tiens à souligner en lettres lumineuses que des résultats positifs n'impliquent pas une infection clinique (comme le prétendent frauduleusement les médias et les politiciens avec leurs statistiques d'"infections") ! À moins que vous ne vous rendiez à l'hôpital pour une affection respiratoire, (les tests) ne font que provoquer la frénésie du public et devraient être arrêtés...

Tout ce que nous devrions faire, c'est protéger les personnes vulnérables et fournir chaque jour 3 000 à 5 000 E.I. de vitamine D à tous les patients des maisons de soins, car il a été démontré que cela réduit considérablement le (risque d') infection".

"Ce qui est fait maintenant est complètement ridicule.

"Je vous rappelle que selon les données de l'Alberta, la probabilité de décès des personnes de moins de 65 ans est d'une sur 300 000. Il faut que vous vous ressaisissiez. Vu les ramifications, l'ampleur de votre réaction, que vous entreprenez sans aucune preuve, est complètement ridicule. Suicides, fermetures d'entreprises, funérailles, mariages et autres événements abondent. C'est ridicule, car il ne s'agit de rien d'autre qu'une terrible grippe".

Laissez les gens faire leur propre choix", a conclu Hodkinson, en conseillant les gouvernements. Vous devriez être complètement assourdis Le directeur provincial de la santé publique vous trompe. Je suis scandalisé que l'on en soit arrivé là. Tout cela devrait prendre fin demain.

Chapitre 5 : L'infertilité de Covid ?

D'après ces documents officiels, les femmes qui souhaitent avoir des enfants devraient y réfléchir à deux fois avant de se faire vacciner contre le Covid-19 -British Government Committee on Vaccination and Immunization : "La grossesse doit être exclue avant de vacciner, et nous n'avons pas étudié les interactions avec d'autres médicaments".

Les notices et les instructions d'utilisation du vaccin à ARNm "nano" de Pfizer/BioNTech, qui sera administré à la population britannique à partir de la semaine prochaine, avertissent explicitement de ne pas administrer le vaccin aux enfants de moins de 16 ans et aux femmes enceintes : "Avant de vacciner, il convient d'exclure toute grossesse". Il est "conseillé" aux personnes dont les défenses sont affaiblies - qui n'ont pas participé aux phases d'essais cliniques - et à celles qui prennent régulièrement des médicaments de contacter d'abord un médecin. Les femmes qui se font injecter le vaccin doivent veiller à ne pas tomber enceintes pendant les deux mois qui suivent la deuxième dose, qui doit être prise 21 jours après la première.

Vous vous dites peut-être : ces avertissements ne sont pas si anormaux, n'est-ce pas ? On les trouve également dans la plupart des notices de médicaments ordinaires. En effet, elles le sont. Toutefois, il s'agit de médicaments destinés aux personnes souffrant d'une maladie ou d'une affection, et non aux personnes en bonne santé, qui devraient toutes recevoir maintenant un vaccin Covid.

Le Comité mixte sur la vaccination et l'immunisation a conseillé aux femmes enceintes et à celles qui souhaitent le devenir de ne pas se faire vacciner du tout. Cela signifie que le vaccin n'est tout simplement pas considéré comme sûr pour ces groupes.

Pas d'étude d'interaction avec d'autres médicaments.

Dans ces instructions, les soignants reçoivent un avertissement spécial selon lequel des médecins et des équipements doivent être tenus prêts "au cas où un événement anaphylactique rare se produirait après l'administration du vaccin". Nous avons récemment signalé que des documents officiels montrent que le gouvernement britannique s'attend toutefois à un "nombre élevé" d'effets indésirables graves, appelés A.D.R. (Adverse Drug Reactions). Les A.D.R. comprennent les maladies graves, les maladies et les handicaps à long terme ou permanents, ainsi que les décès.

Comme pour tout vaccin, la vaccination avec le vaccin ARNm BNT162b2 de Covid-19 ne protège pas toutes les personnes vaccinées. Aucune donnée n'est disponible sur l'utilisation de ce vaccin chez les personnes ayant déjà reçu une série complète ou partielle d'un autre vaccin Covid-19". De plus, "aucune étude d'interaction (avec d'autres médicaments) n'a été réalisée". Vous comprendrez pourquoi nous avons souligné ce point, car rien qu'en Allemagne, des millions de personnes prennent chaque jour un ou plusieurs médicaments.

Un grand nombre de personnes de plus de 16 ans ont présenté des effets secondaires "légers à modérés" pendant les phases de test : 80+% ont eu des douleurs à l'endroit de la vaccination, 60+% ont ressenti de la fatigue, 50+% des maux de tête, 30+% des douleurs musculaires, 30+% des frissons, 20+% des douleurs articulaires et 10+% de la fièvre. Ces effets secondaires " ont généralement disparu quelques jours après la vaccination ". Une rougeur et un gonflement du site d'injection ainsi que des nausées faisaient également partie des effets secondaires "fréquents".

Pas de test sur les personnes dont le système immunitaire est affaibli

Les personnes dont le système immunitaire était manifestement affaibli ont été exclues des phases d'essai clinique. Dans la deuxième phase, bien que 40% des sujets testés aient été des personnes de plus de 56 ans, les statistiques montrent en fait que le Covid-19 ne présente pratiquement aucun danger pour les personnes jusqu'à 70 ans (IFR confirmé par l'OMS de seulement 0,05%). Les personnes de plus de 70 ans ont-elles été testées ? Probablement pas, car la plupart d'entre elles ont un système immunitaire affaibli, voire inopérant.

En fait, le gouvernement britannique lui-même n'est même pas sûr que le vaccin fonctionnera : "Le vaccin provoque à la fois des anticorps neutralisants et une réponse immunitaire cellulaire à l'antigène du pic (S), ce qui **peut** contribuer à protéger contre la maladie de Covid-19". (Les caractères gras et soulignés sont ajoutés). Ce seul fait annule l'efficacité moyenne de 95 % durant les phases d'essais cliniques également rapportée dans ces instructions. Ce pourcentage est également basé sur le test PCR, aujourd'hui totalement discrédité à cette fin, qui a été utilisé pour tester les participants du groupe vacciné et du groupe placebo pour voir s'ils avaient été "infectés".

On ne sait pas quels sont les effets sur la fertilité et le développement de l'homme.

Mais cela ne s'arrête pas là. Les instructions destinées aux prestataires de soins de santé indiquent littéralement que "l'on ne sait pas si le vaccin ARNm BNT162b2 de Covid-19 affecte la fertilité. Cela signifie donc qu'il existe une possibilité que ce vaccin vous rende infertile.

Au point 4.6 "Fertilité, grossesse et allaitement", il est indiqué qu'"il n'existe pas ou peu de données sur l'utilisation du vaccin Covid-19 mRNA. Les études de toxicité pour la reproduction chez l'animal ne sont pas terminées. Le vaccin ARNm Covid-19 BNT162b2 n'est pas recommandé pendant la grossesse. Pour les

45

femmes en âge de procréer, la grossesse doit être exclue avant la vaccination. En outre, il convient de conseiller aux femmes susceptibles de donner naissance à des enfants d'éviter toute grossesse pendant au moins 2 mois après leur deuxième dose.

Dans la section 5.3 "Données de sécurité précliniques", il est réaffirmé que "les données non cliniques ne montrent aucun danger particulier pour l'homme sur la base d'une étude conventionnelle de toxicité à doses répétées. Les études animales sur la toxicité potentielle pour la reproduction et le développement n'ont pas été menées à terme. (c'est nous qui soulignons)

Laisse-toi aller un instant.

Les essais sur les animaux visant à déterminer si ce vaccin a des effets sur la reproduction, c'est-à-dire sur le développement, ne sont même pas terminés. Cela signifie que nous ne savons pas (encore ?) si ce vaccin aura un effet sur la reproduction et le développement de toute personne qui le reçoit. Ou peut-être ont-ils une idée, et ont-ils été tellement choqués par les résultats qu'ils ont décidé de ne même pas terminer les tests sur les animaux ?

Un dénonciateur présumé de GSK : "Le vaccin a causé 97% de stérilité en phase de test".

Le 21 novembre, nous écrivions dans notre article "Les nanoparticules dans le vaccin Pfizer selon le ministre De

Jonge sont un 'risque', mais le vaccin sera là de toute façon" : Le présentateur américain David Knight a récemment cité un lanceur d'alerte du géant pharmaceutique GSK (le lien fonctionne à nouveau), qui a révélé que les adjuvants dits " anti-HCG " (hormone) contenus dans les vaccins corona provoquent une stérilité de 97 %. En effet, lors d'un essai clinique du vaccin GSK, 61 femmes sur 63 seraient devenues stériles.

Dans une variante développée pour les hommes avec un anti-GNRH (hormone), les testicules rétréciraient, le taux de testostérone chuterait et l'ADN mitochondrial des spermatozoïdes serait détruit, provoquant l'infertilité des femmes. Ce phénomène aurait été observé lors de tests de vaccins sur des babouins.

Selon le porte-parole britannique de Govote.org, dont Knight a montré un clip vidéo, cela aura pour conséquence que des masses de personnes mourront à cause des vaccins Covid-19 dans les années à venir, tandis que pratiquement plus aucun enfant ne naîtra. Si telle est leur intention, nous aurons une réduction massive de la population mondiale, ce dont Bill Gates parle depuis des années". C'est pourquoi Govote.org veut que les vaccins soient testés dans des laboratoires indépendants.

Un vaccin peut s'attaquer à une protéine essentielle chez les femmes et les rendre stériles.

Les vaccins à ARNm vont programmer l'organisme pour qu'il fabrique lui-même des anticorps contre la protéine "spike" du virus SRAS-CoV-2. Les informations non confirmées suivantes doivent être étudiées et vérifiées plus avant : "Les protéines spike contiennent également des protéines homologues de la syncytine, qui sont essentielles à la formation du placenta chez les mammifères comme l'homme. Il faut absolument exclure qu'un vaccin contre le SRAS-CoV-2 puisse déclencher une réponse immunitaire contre la syncytine-1, car sinon une infertilité de durée indéterminée pourrait survenir chez les femmes vaccinées.

Le vaccin contient une protéine de pointe appelée syncytine-1, essentielle à la formation du placenta humain chez la femme. S'il (le vaccin) fonctionne et que nous formons ainsi une réponse immunitaire contre la protéine spike, nous formons également le corps féminin à attaquer la syncytine-1, ce qui peut conduire à l'infertilité chez la femme.

Étant donné que ces vaccins nous sont imposés, mais que l'on vous donne néanmoins l'entière responsabilité à l'avance si les choses tournent mal, cela signifie donc que SI vous, en tant que femme ou homme, devenez effectivement infertile à cause de ce vaccin, vous en êtes entièrement responsable. Après tout, les fabricants et les autorités médicales ne se tiennent pas pour responsables de cette situation. Néanmoins, vous serez bientôt puni si vous refusez ces vaccins, et l'accès aux avions, aux bâtiments, aux magasins et aux manifestations pourra vous être refusé. Et ce ne sera probablement que le début d'une exclusion sociale et sociétale totale.

Chapitre 6 : Plus de liberté

L'administration fédérale américaine de la santé et de la sécurité au travail (OSHA) avertit les employeurs qu'ils seront tenus responsables de tout dommage causé à la santé de leurs employés s'ils sont tenus de se faire vacciner contre le Covid-19. Cette question pourrait devenir délicate en Europe également, puisque le gouvernement a rejeté par avance toute responsabilité gouvernementale et l'a mise sur le dos des prestataires de soins de santé. Si, en fin de compte, aucune agence ne veut assumer la responsabilité, alors, au regard des droits de l'homme, ces vaccinations ne peuvent pas être directement ou indirectement une condition pour obtenir ou avoir un emploi, ou pour accéder à des bâtiments et à des événements, comme c'est actuellement l'intention.

Si un travailleur américain est contraint de se faire injecter ces thérapies géniques expérimentales à base d'ARNm conditionnées sous forme de "vaccins" et qu'il devient ensuite aveugle ou paralysé, voire meurt, cette blessure sera considérée comme "liée au travail", ce qui rendra son employeur responsable. Les directives stipulent également que les employeurs sont tenus d'enregistrer les effets secondaires (graves) et les réactions indésirables consécutifs aux vaccinations Covid chez leurs employés.

La nouvelle directive de l'OSHA a été publiée le 20 avril et constitue une réponse aux entreprises et institutions qui avaient annoncé que tous leurs employés seraient tenus de se faire vacciner, comme le réseau des hôpitaux méthodistes de Houston. Ceux qui refusent seront d'abord suspendus, puis licenciés.

Les vaccins n'ont qu'une autorisation d'urgence

On s'attend à ce que cette organisation hospitalière et de nombreux autres employeurs soient poursuivis s'ils mettent en œuvre ces plans et que leurs employés tombent malades ou meurent. Selon le système d'enregistrement VAERS, près de 200 000 Américains ont déjà subi des dommages pour leur santé à cause des vaccins Covid-19, et près de 4 000 sont morts. Près de 20 000 ont subi des dommages graves (à long terme ou permanents) (maladies auto-immunes, paralysie, cécité, maladie musculaire SLA, Creutzfeld-Jakob, Alzheimer, etc.)

America's Frontline Doctors (AFLDS) prévient que les vaccins - comme en Europe - ne disposent que d'une autorisation d'urgence temporaire, et que pour cette seule raison, ils ne peuvent être imposés à quiconque. L'autorisation d'urgence de la Food & Drug Administration américaine stipule spécifiquement que les individus doivent avoir le libre choix d'accepter ou de refuser ces vaccins", explique LifeSiteNews. Nombreux sont ceux qui soulignent que tout licenciement pour refus de vaccins porte absolument atteinte à votre nécessaire liberté.

Toutefois, la Cour européenne des droits de l'homme a récemment statué que les vaccinations obligatoires étaient légales. Pourtant, même aux Pays-Bas, aucun travailleur ne devrait accepter automatiquement que son patron exige une vaccination contre le virus Covid-19 comme condition pour garder son emploi ou continuer à faire le travail pour lequel il a été engagé.

Chapitre 7 : Pas de soins de santé

Certains médecins sont tellement endoctrinés et terrifiés qu'ils rejettent la faute sur les malades eux-mêmes : "Mon employeur a exercé une forte pression sur moi pour que je sois vacciné".

The Highwire, le programme américain de santé sur Internet qui connaît la croissance la plus rapide et compte déjà plus de 75 millions de téléspectateurs, a récemment attiré l'attention sur une tendance inquiétante aux États-Unis, qui pourrait également se manifester dans d'autres pays occidentaux. En effet, de plus en plus de médecins refusent de traiter les personnes qui souffrent d'effets secondaires graves et de réactions indésirables après une vaccination avec un vaccin Covid-19. La raison en est évidente : l'establishment politique et pharmaceutique a effectivement canonisé ces vaccins manipulés génétiquement. Si des personnes tombent très malades ou même meurent à cause de ces vaccins - aux États-Unis, en 2021, il y aura déjà 4000% de plus de victimes des vaccins que durant toute l'année 2020 pour toutes les autres vaccinations combinées - alors les instructions sont que cela ne peut pas et ne doit pas être la faute du vaccin. Les médecins qui observent néanmoins cela doivent craindre pour leur emploi et leur carrière.

Certains médecins sont tellement endoctrinés qu'ils accusent les malades eux-mêmes. Ils traitent les personnes qui souffrent d'effets secondaires graves après une vaccination de patients atteints d'un "trouble de conversion", de peur de mettre dans leur dossier que le vaccin en est la cause probable. (Ou, en d'autres termes, "rentrez chez vous, ma petite dame, parce que c'est entre vos oreilles").

Le 4 janvier, mon employeur a exercé une forte pression sur moi pour que je me fasse vacciner", m'a raconté Shawn Skelton. Après avoir obtempéré, elle a immédiatement ressenti des effets secondaires tels que de légers symptômes grippaux. Mais à la fin de la journée, j'avais tellement mal aux jambes que je n'en pouvais plus. Quand je me suis réveillée le lendemain, ma langue tremblait, puis ça a empiré. Le jour suivant, j'ai eu des convulsions dans tout le corps. Cela a duré 13 jours.

Ils ont trop peur de nous soigner, disent-ils.

Un médecin m'a dit que le diagnostic était le suivant : "Je ne sais pas ce qui ne va pas chez vous, c'est pourquoi nous vous blâmons", a déclaré un autre. Skelton a développé. Les médecins ne savent tout simplement pas comment aborder les effets négatifs du vaccin à ARNm. Je crois aussi qu'ils en sont terrifiés. Je n'arrive pas à comprendre pourquoi aucun médecin ne veut nous aider.

Deux autres agents de santé, Angelia Desselle et Kristi Simmonds, ont vécu des expériences similaires. Elles aussi ont souffert de convulsions, et leurs médecins ont également refusé de les traiter. Un neurologue a rejeté le courriel de Desselle qui lui avait été adressé. C'était un spécialiste des troubles du mouvement, ce dont je pensais avoir besoin. Mon médecin traitant m'a dit qu'il semblait que je souffrais d'une maladie de Parkinson avancée. Mais il m'a répondu par courriel qu'il avait des tâches très complexes et qu'il ne pouvait pas me recevoir à ce moment-là.'

Les autres médecins lui ayant également fermé la porte, elle s'est rendue chez un neurologue sans mentionner qu'elle avait été vaccinée contre le Covid-19. Je ne voulais pas qu'on me renvoie à nouveau. Mais c'est dans mon dossier médical, et quand il l'a regardé, il m'a dit : 'Vous avez donc fait le vaccin ? Et j'ai répondu 'oui, mais je ne voulais pas vous donner cette information parce que j'ai besoin d'aide'. Maintenant, elle reçoit enfin un traitement pour ses crises de migraine.
En Europe, les médecins généralistes et spécialistes sont soumis à une réglementation stricte.

Nous ne savons pas si les médecins généralistes européens refusent également de traiter les patients vaccinés qui tombent malades. Il leur est toutefois interdit de prescrire aux patients (présumés) atteints de corona des médicaments dont l'efficacité et la sécurité ont été prouvées, comme l'hydroxychloroquine et l'Ivermectin. Rien ne devrait menacer le "saint" programme de vaccination de masse - récupération : programme de génie génétique, après tout.

En Europe, les médecins généralistes et spécialistes sont soumis à une réglementation stricte.

Nous ne savons pas si les médecins généralistes européens refusent également de traiter les patients vaccinés qui tombent malades. Il leur est toutefois interdit de prescrire aux patients (présumés) atteints de corona des médicaments dont l'efficacité et la sécurité ont été prouvées, comme l'hydroxychloroquine et l'Ivermectin. Rien ne devrait menacer le "saint" programme de vaccination de masse - récupération : programme de génie génétique, après tout.

Au début de l'année, le gouvernement a fait porter toute responsabilité des conséquences des vaccins Covid sur les épaules des prestataires de soins de santé et des personnes vaccinées. Il n'est donc pas inconcevable que les professionnels de santé et les spécialistes en Europe soient réticents à reconnaître, et encore moins à traiter, les victimes de la vaccination en tant que telles.

Chapitre 8 : L'agenda 5G

Les gouvernements veulent imposer la 5G parce qu'elle permet de suivre et de surveiller les citoyens 24 heures sur 24, 7 jours sur 7 et 365 jours par an.

Le nombre de scientifiques qui émettent de grandes réserves sur l'introduction de la 5G ne cesse d'augmenter. Le professeur John William Frank, épidémiologiste britannique de l'Université d'Édimbourg, demande que le déploiement de la 5G dans le monde entier soit suspendu pour le moment, jusqu'à ce qu'il ait été confirmé et prouvé de manière indépendante que la technologie est sûre et ne présente aucun danger pour la santé Jusqu'à présent, les gouvernements se sont appuyés presque exclusivement sur les études réalisées par (ou sponsorisées par) les grandes entreprises de la Tech, et bien sûr, elles ne mettront jamais leurs bénéfices de plusieurs milliards de dollars en danger en rejetant leurs propres produits.

Le professeur Frank n'est pas opposé à la 5G, mais il estime qu'elle a fait l'objet de trop peu de recherches. C'est pourquoi il estime qu'il est préférable de faire preuve de prudence et de geler le déploiement des nouveaux systèmes de trafic de données mobiles pour le moment.

Il y a beaucoup plus d'antennes et beaucoup plus de radiations EMF.

Frank, comme de nombreux autres universitaires, écrit dans le Journal of Epidemiology & Community Health que la principale menace de la 5G est la densité massive d'antennes requise pour ces fréquences extrêmement élevées. Tous les quelques lampadaires, une nouvelle antenne doit être placée, exposant les gens à encore plus de rayonnements électromagnétiques (CEM). Une commission fédérale de spécialistes aux États-Unis a reconnu les dommages sanitaires que peuvent causer les réseaux existants tels que la 4G et le WiFi.

Malgré cela, presque aucune recherche épidémiologique crédible sur l'impact de la 5G sur la santé humaine n'a été entreprise, selon le professeur. En outre, la 5G n'utilise pas seulement des fréquences considérablement plus élevées, mais aussi une toute nouvelle technologie de support pour traiter des volumes massifs de données. Pour que la 5G fonctionne, des milliards d'antennes et d'amplificateurs de signaux doivent être placés tous les 100 à 300 mètres autour de la planète. Les 3 236 satellites 5G à venir d'Amazon, ainsi que les 12 000 à 30 000 qu'Elon Musk prévoit de déployer en orbite, couvriront bientôt des zones où les antennes ne sont pas envisageables.

Un nombre croissant d'ingénieurs, de scientifiques et de médecins du monde entier demandent instamment aux pays de relever leurs normes de sécurité en matière de CEM-RF, de commander des recherches plus nombreuses et de meilleure qualité et de mettre un terme à l'augmentation de l'exposition du public jusqu'à ce qu'il existe des preuves plus solides de son innocuité.

Le principe de précaution impose de stopper le déploiement de la 5G.

Le professeur Frank n'est pas convaincu que la 5G et les autres champs électromagnétiques nuisent à la santé et à l'environnement, même si l'OMS et de nombreux experts en technologie affirment le contraire. Il estime que la diffusion de la 5G devrait être arrêtée immédiatement en raison du "principe de précaution". Il ne faut pas prendre de risques inutiles lorsqu'il s'agit de la santé humaine. Cette prémisse devrait être un motif suffisant pour "déclarer une interdiction de cette exposition (à la 5G), en attendant une enquête scientifique adéquate sur les risques sanitaires présumés".

Il poursuit en expliquant qu'il n'y a pas de nécessité impérieuse de déployer la 5G à un rythme rapide en termes de santé et de sécurité publiques. On le fait principalement parce que la nouvelle technologie donnera un coup de pouce important à l'industrie des grandes technologies. Avec le réseau 4G existant, les consommateurs ne manquent pas de connexions de données mobiles rapides.

Les gouvernements veulent que la 5G soit mise en œuvre le plus rapidement possible afin d'avoir un contrôle mondial complet.

Frank oublie d'ajouter que les gouvernements sont tout aussi investis dans la 5G que les géants de la technologie et des médias. La Fondation Bill et Melinda Gates et la DARPA, l'agence de développement technologique du Pentagone, se sont associées à la société Profusa pour développer un biocapteur nanotechnologique implantable en hydrogel (une substance similaire à une lentille de contact souple) qui peut être injecté en même temps qu'un vaccin et appliqué juste sous la peau, où il fusionne avec votre corps. Toutes les informations sur vous-même, votre corps et votre santé peuvent être contrôlées à distance grâce au composant nanotechnologique.

Par conséquent, la 5G permet un système de contrôle totalitaire mondial dont les dictatures du passé ne pouvaient que rêver. Elle permettra de suivre, de surveiller et de manipuler 24 heures sur 24 et 7 jours sur 7 la localisation, les mouvements et les actions de chacun - et, dans un avenir pas si lointain, les pensées et les émotions - tandis que toutes les informations personnelles, comme le statut vaccinal et le solde bancaire, seront instantanément accessibles. D'innombrables caméras de surveillance avec reconnaissance faciale et vérification du statut de crédit social sont liées à ce système, tout comme le système de Microsoft (avec le brevet n° 2020-060606) qui convertit votre propre corps en un moyen de paiement (et une preuve d'identité/vaccination) qui est déjà en phase de test.

Selon certains, une distance d'au moins un mètre et demi est nécessaire pour que ce système fonctionne correctement, car les signaux peuvent être perturbés si les corps sont trop proches les uns des autres.

Il n'est pas certain que cela soit vrai, mais sans distanciation sociale, les caméras de surveillance (et même les smartphones) auront beaucoup plus de mal à scanner en temps réel tous les fronts d'une foule pour détecter la présence de l'enzyme fluorescente M-Neongreen / Luciferase, la marque injectée qui, à l'avenir, pourrait servir de preuve que vous avez été correctement vacciné et que vous avez donc accès à la société.

Y a-t-il une théorie de la conspiration ?

Étant donné que de multiples scientifiques et autres professionnels affirment depuis des mois que 1,5 mètre ne fait aucune différence dans la transmission présumée d'un virus, il est grand temps que davantage de personnes se demandent pourquoi la "séparation sociale" doit continuer à être appliquée sans relâche. Malheureusement, certaines théories conspirationnistes étranges, comme celle selon laquelle la 5G déclencherait le coronavirus, et des actes terribles, comme mettre le feu à des pylônes de transmission, ont pollué les véritables préoccupations à l'égard de la 5G (intentionnellement ?).

Les politiciens, l'industrie technologique et tous les médias et magazines grand public qui dépendent les uns des autres de quelque manière que ce soit affirment invariablement qu'il s'agit de "théories du complot" déboulonnées, mais lorsque même le vénérable Scientific American a publié un article le 17 octobre 2019 avec le titre "Nous n'avons aucune raison de croire que la 5G est sûre - Contrairement à ce que certains disent, il peut y avoir des risques pour la santé".

Chapitre 9 : Biocapteurs nanotechnologiques 5G

Un biocapteur nanotechnologique 5G implantable dès 2021 dans les vaccins Covid-19" L'humanité évoluant vers le transhumain dans le futur est intégrée dans un système de contrôle numérique global.

La DARPA, l'organe de développement technologique du Pentagone, et la Fondation Bill et Melinda Gates collaborent avec Profusa pour mettre au point un biocapteur nanotechnologique implanté, construit en hydrogel (substance similaire à une lentille de contact souple). Ce biocapteur, qui a la taille d'un grain de riz, est injecté avec un vaccin et placé juste sous la peau, où il se fond dans le corps. Grâce à la 5G, le composant nanotechnologique permet de surveiller à distance toutes les informations vous concernant, votre corps et votre santé.

La FDA devrait approuver le biocapteur, qui peut également recevoir des informations et des commandes, au début de l'année 2021, juste à temps pour la campagne mondiale prévue de vaccination contre le Covid-19.

En mars, DefenseOne a fait état d'un biocapteur en hydrogel qui est "inséré sous la peau avec une aiguille hypodermique". Il contient, entre autres, une molécule spécialement conçue qui émet un signal fluorescent lorsque le corps commence à combattre une infection.

Ce signal est détecté par le composant électronique fixé sur (/dans) la peau, qui transmet ensuite un avertissement à un médecin, à un site web ou à une agence gouvernementale. Il s'agit en fait d'un laboratoire sanguin cutané capable de détecter la réaction de l'organisme à une maladie avant même l'apparition d'autres signes comme la toux".

Tous les processus physiologiques sont surveillés par des biocapteurs et transmis par la 5G.

Le biocapteur ne sera pas perçu comme un intrus par le corps et attaqué du fait de son utilisation de l'hydrogel, mais s'intégrera au contraire à celui-ci. Selon le fabricant, le capteur peut également suivre votre taux d'hormones, votre rythme cardiaque, votre respiration, votre température corporelle, votre vie sexuelle, vos émotions et tout le reste. Toutes ces données seront bientôt transmises à chaque autorité médicale et gouvernementale via la 5G.

Profusa travaille actuellement sur une étude avec l'Imperial College, qui a été rendu célèbre par ses prévisions ridicules de malheur sur Covid-19, qui se sont rapidement avérées complètement fausses. Les lockdowns, l'isolement social et l'effondrement partiel de l'économie qui en a résulté, ainsi que la suppression de nombreuses libertés civiles, ont tous été fondés sur ceux-ci.

**L'être humain transhumain est intégré dans un
système de contrôle numérique global.**

Le biocapteur, qui pourrait donc être incorporé dans les
vaccins Covid-19 dès 2021, est très proche de la
réalisation de l'aspiration d'un humain transhumain,
dans lequel chacun est totalement contrôlable et même
pilotable. Le "nouvel humain", ou l'humain 2.0 tel
qu'imaginé par l'élite technologique autour de Bill Gates
et Elon Musk, sera progressivement transformé en une
sorte de cyborg d'ici 2025-2030, et deviendra partie
intégrante - et donc irréversible - d'un système de
contrôle numérique global, dans lequel les libertés
individuelles auront complètement disparu, et même le
libre arbitre humain aura été supprimé.

Chapitre 10 : Protestations contre le passeport vaccinal

Plus de 70 parlementaires se mobilisent contre ce "piège odieux".

Dans une lettre ouverte adressée au Premier ministre Boris Johnson, plus de 1 200 dirigeants chrétiens britanniques lui ont demandé de ne pas adopter les passeports de dépistage et de vaccination.

En fait, ils la qualifient de "proposition la plus dangereuse qui soit", car elle équivaut à "une forme de pression contraire à l'éthique" pour forcer les gens à subir des tests Covid-19 ou à se faire vacciner.

Diverses dénominations, dont les anglicans et les catholiques, ont des leaders dans l'église. Ils estiment que les passeports de contrôle et de vaccination sont le précurseur d'un "État de surveillance", d'un État de contrôle totalitaire, et qu'ils mettront fin à ce qui reste de la démocratie libérale.

Le gouvernement de Londres maintient qu'aucune décision finale n'a été prise, mais tout indique que ces passeports de test/vaccination arriveront bientôt, comme ils l'ont fait en Europe.

Au départ, ils seront commercialisés comme un passeport pour une plus grande "liberté" (restauration, événements, achats, etc.), mais à mesure qu'ils se répandront, les normes deviendront de plus en plus strictes, jusqu'à éliminer complètement de la société les personnes non testées et non vaccinées.

L'"apartheid médical" est un terme utilisé pour décrire un système de discrimination médicale.

Selon les dirigeants de l'Église, ces passeports entraînent un "apartheid médical"... Il établit un État de surveillance dans lequel le gouvernement contrôle certaines parties de la vie des citoyens par le biais de la technologie. En l'espace de quelques années, ce "certain" risque d'être étendu à TOUS les domaines.

Il s'agit de l'une des idées politiques les plus hasardeuses jamais formulées dans l'histoire de la politique britannique", préviennent les responsables d'église, qui soulignent qu'ils ne refuseront jamais aux personnes dépourvues d'un tel passeport l'accès à leurs églises, quelle que soit la décision du gouvernement.

Discrimination" et "piège effroyable" sont deux mots qui me viennent à l'esprit.

Plus de 70 législateurs britanniques ont ouvertement protesté contre les passeports de test/vaccination prévus au début du mois. Ils affirment que la nécessité de présenter une telle preuve pour entrer dans un pub, par exemple, est discriminatoire. Cela crée également de nouvelles divisions au sein de la société. (De toute

67

façon, toute l'approche de l'Occident est basée sur le principe "diviser pour régner").

Le député conservateur Steve Baker a même qualifié ces passeports de "méchant piège". Le leader travailliste Sir Keir Starmer a exprimé sa "grande inquiétude" face à cette nouvelle forme de discrimination qui se profile.

Chapitre 11 : Protestation = Terrorisme ?

Personne ne veut l'entendre, personne n'est autorisé à le dire, mais tout le monde sait où cela pourrait aboutir.

Alors que l'Europe avance à toute vapeur vers la mise en œuvre d'une discrimination officielle en divisant la société entre les "bons" (testés/vaccinés) et les "mauvais" (non testés/non vaccinés), la première balle est lancée aux États-Unis pour ce qui constitue le but ultime de choses comme les passeports vaccinaux : l'élimination complète des "mauvais" de la société. La célèbre revue Nature a publié un appel aux Nations unies et à tous les gouvernements pour qu'ils prennent des mesures draconiennes afin de mettre un terme à "l'agression anti-vax". Voici comment vous, en tant que personne non vaccinée, serez bientôt considérée et traitée : comme un terroriste.

Le fascisme de maniaques meurtriers comme Hitler et Staline fait un retour en force. Le pédiatre texan Peter Hotez est devenu une idole corona si extrême qu'il met les personnes qui critiquent les vaccinations sur le même plan que les cybercriminels et le terrorisme nucléaire. Utilisant un langage carrément guerrier, il appelle à une "contre-offensive" des gouvernements pour attaquer et réduire au silence quiconque s'oppose aux vaccinations.

Contre-offensive contre les nouvelles forces destructrices".

Pour stopper la propagation du coronavirus, il faut une contre-offensive de haut niveau contre les nouvelles forces destructrices", écrit Hotez. Les efforts doivent s'étendre aux domaines de la cybersécurité, de l'application de la loi, de l'éducation du public et des relations internationales. Un groupe de travail inter-agences de haut niveau, placé sous l'autorité du secrétaire général des Nations unies, pourrait faire le point sur l'impact global de l'agression anti-vaccinale et proposer des mesures sévères et équilibrées.

Ce groupe de travail devrait comprendre des experts qui se sont attaqués à des menaces mondiales complexes telles que le terrorisme, les cyberattaques et l'armement nucléaire. En effet, l'antiscience s'approche désormais d'un niveau de menace similaire. Il est de plus en plus clair qu'une contre-offensive est nécessaire pour promouvoir les vaccinations."

La police et l'armée contre les opposants aux vaccins

Hotez parle d'"agressions ciblées contre des scientifiques" qui seraient commises par des anti-vaxxers, mais ne cite pas un seul exemple concret. Pour mettre fin à cette "agression" fictive, il préconise littéralement des attaques ciblées (armées) contre les anti-vaxxers. En fait, il veut que le gouvernement utilise la police et l'armée pour faire face aux détracteurs et aux réfractaires aux vaccins - en réalité des personnes qui refusent de participer à ces expériences de manipulation génétique qui, selon les statistiques officielles de l'UE, ont déjà fait un nombre énorme de victimes.

En lançant cet appel scandaleux, Nature, qui était déjà complètement dans la poche de la mafia internationale des vaccins, qui mène maintenant une expérience génocidaire monstrueuse sur l'ensemble de l'humanité avec l'aide de presque tous les gouvernements, a perdu sa crédibilité une fois pour toutes.

La violence grossière contre les "mauvaises" personnes est à nouveau considérée comme acceptable.

La violence grossière contre des hommes, des femmes et des enfants innocents est manifestement considérée comme acceptable à nouveau. Cela fait des années que nous mettons en garde contre le retour et même le dépassement des années 30 et 40, et maintenant cela se produit. Si cela ne s'arrête pas, si les gens ne se soulèvent pas en masse contre ce qui pourrait être le pire crime contre l'humanité de tous les temps, cela va se terminer irrévocablement comme dans les années 1940, à savoir par des "installations" où les "mauvaises" personnes indésirables sont enfermées et mises à l'écart afin que le reste de la société puisse à nouveau se comporter "en toute sécurité".

Ou en d'autres termes : avec des camps de concentration.

Tant que les gens continueront à nier qu'une répétition de cette horrible histoire est possible, tant que les gens refuseront de faire face aux parallèles effrayants avec l'Allemagne nazie, les forces mondialistes de la vaccination pourront continuer sans entrave.

Les Russes l'ont encore fait

Et "bien sûr", toujours selon Hotez, "les Russes" sont derrière toute la "désinformation sur les vaccins". Nous oublions alors un instant que la Russie a été l'un des premiers pays à développer un vaccin et à commencer à l'administrer à sa population.

Peu importe, car depuis l'année dernière, les médias occidentaux se sont eux aussi définitivement débarrassés de leur dernier lambeau d'indépendance et d'objectivité feintes, et sont même fiers de fonctionner comme les organes de propagande de l'establishment occidental et du culte mondialiste du climat-vaccin. À propos, nous écrivons depuis des années que "les Russes" seront accusés de presque tout, et ce dans le but de vous faire accepter - voire appeler - à la Troisième Guerre mondiale prévue contre la Russie, et très probablement aussi contre la Chine.

L'humanité gouvernée par des monstres sans scrupules

Des monstres sans scrupules sont à la tête de l'humanité, qui, par son obéissance aveugle et sa docilité inconditionnelle, est elle-même transformée pas à pas en un monstre tout aussi peu scrupuleux. Il n'est pas encore trop tard, mais il reste très peu de temps pour arrêter les passeports obligatoires pour les tests et les vaccins, suivis des tests et des vaccins obligatoires, puis de l'emprisonnement et de l'élimination éventuelle des "mauvais" non vaccinés - aux yeux de Hotez, les nouveaux "terroristes".

Chapitre 12 : Les vaccins tueurs ?

De faibles concentrations de protéine de pointe ont déjà modifié les systèmes respiratoire et immunologique de personnes vaccinées - Les indications selon lesquelles les personnes vaccinées peuvent constituer un danger pour les personnes non vaccinées se renforcent -

Un gouvernement qui se soucie de votre santé suspendrait immédiatement les vaccinations.

La critique des vaccins Covid-19 enfle également du côté de la science active établie.

Le Dr Lee Makowski, président du département de bio-ingénierie de la Northeastern University, avertit dans la revue Viruses qu'il existe de plus en plus de preuves que la protéine spike, qui est produite par le corps humain à l'instruction de TOUS les vaccins corona, peut causer des dommages importants à la santé et même la mort.

Les politiciens, les médias et des agences telles que le CDC et le WHF affirment que la protéine spike est "inoffensive" et que les vaccins Covid qui entraînent la production de cette protéine par l'organisme sont "sûrs".

Cependant, un nombre croissant de scientifiques actifs et reconnus voient de plus en plus d'éléments et de preuves démontrant que c'est exactement le contraire qui est vrai.

Des dommages, des infections graves et des décès dus à ces vaccins ?

Le titre de l'article du Dr Makowski, publié dans la revue Viruses, en dit long :

Les vaccins Covid, conçus pour créer une immunité contre la protéine spike, causent-ils au contraire des dommages, des infections graves et des décès ?

Les chercheurs ont découvert que même à de faibles concentrations, la protéine spike induit des changements génétiques dans les voies respiratoires et affecte directement la réponse du système immunitaire aux inflammations et aux virus. En fait, selon le Dr Makowski, il semble que seule la protéine spike soit responsable des désormais tristement célèbres caillots sanguins, plutôt que le (supposé) virus SRAS-CoV-2 lui-même.

Si cela est confirmé par d'autres scientifiques, alors les vaccins Covid-19 - qui, quel que soit leur mode d'action (ARNm, adénovirus/vecteur viral, ADN), codent tous pour la protéine spike - sont encore plus dangereux pour la santé humaine que ce que les scientifiques critiques soupçonnent déjà depuis l'année dernière.

Les personnes vaccinées deviennent-elles des foyers d'infection ambulants ?

75

De plus, il devient plausible que le Dr Lee Merritt ait raison et que la protéine spike produite par les personnes vaccinées soit transmissible aux autres. En d'autres termes, les personnes vaccinées deviennent des usines à spike ambulantes et pourraient donc également infecter des personnes non vaccinées avec une maladie auto-immune dangereuse, potentiellement mortelle.

Les scientifiques de l'Institut Sloan Kettering lancent un autre avertissement, tout aussi grave : l'ARNm contenu dans les vaccins peut entraîner la suppression de protéines qui empêchent le développement du cancer. Ainsi, les vaccins Covid augmentent le risque de développer un cancer.

Le Dr Whelan de l'UCLA a averti la FDA de graves dommages pour la santé

En décembre 2020, le Dr J. Patrick Whelan, de l'UCLA, a averti la FDA américaine que la "protéine de pointe virale qui est la cible des importants vaccins Covid est aussi l'une des principales substances qui causent des dommages à des organes plus éloignés, dont peut-être le cœur, les poumons et les reins.

Le Dr Whelan a expliqué que ce n'est pas le virus, mais la protéine spike qui est responsable du fait que certaines personnes ont tant de mal à se remettre de Covid-19, et continuent souvent à avoir des problèmes de santé à long terme, notamment des problèmes cardiaques.

En effet, la protéine du pic se lie aux récepteurs ACE-2 dans le cœur, mais aussi dans le cerveau et d'autres organes comme le foie et les reins. Cela peut endommager même les plus petits vaisseaux sanguins.

Mme Whelan a donc fait comprendre à la FDA que la protéine de pointe "contenue" dans les vaccins pose de graves problèmes de santé.

Les pathologistes et les dentistes désignent également les protéines de pointe comme coupables.

Le Dr Richard Vander Heide, professeur de pathologie à l'université d'État de Louisiane, a pratiqué des autopsies sur des décès liés au Covid-19 et est arrivé à la même conclusion : les caillots sanguins, dont certains des défunts sont pleins, sont causés par la protéine spike.

Les personnes en surpoids sont particulièrement exposées, car elles souffrent souvent d'une inflammation chronique.

Même les dentistes tirent la sonnette d'alarme. Ils voient des patients auparavant en bonne santé souffrir d'une inflammation des gencives, et pensent que la protéine de pointe est le coupable.

Pfizer fait même des expériences sur des enfants, des tout-petits et des bébés.

Un médecin californien de 40 ans spécialisé dans la médecine de la grossesse a décrit la première dose du vaccin Pfizer administrée à une patiente comme "tuant le fœtus", ce qui a provoqué une fausse couche chez la femme six jours plus tard.

Pendant ce temps, le fabricant de vaccins Pfizer continue de démontrer qu'il n'a plus aucune limite éthique.

Même les enfants sont désormais utilisés comme cobayes pour leurs "vaccins" expérimentaux de thérapie génique. Un petit enfant de deux ans en est déjà mort.

On sait depuis des années que l'ARNm peut être inhalé.

On sait depuis des années que l'ARNm peut être exhalé et inhalé, et qu'il peut ainsi servir de vaccin passif. Cela signifie-t-il que la protéine Covid spike, qui est produite par le corps humain après la vaccination, peut s'échapper par la respiration et infecter des personnes non vaccinées ? se demande le Dr Mark Sircus, professeur d'oncologie naturelle.

Il est terrible de penser que les fous qui ont créé le virus par des expériences de "gain de fonction" vont de pair avec des fous similaires de l'industrie pharmaceutique

qui utilisent leur vaccin pour répandre encore plus
largement les protéines de pointe dans la population
humaine".

**Un gouvernement qui a votre santé à cœur arrêterait
immédiatement de vacciner.**

Il me semble évident que tout gouvernement ayant
réellement à cœur la santé de la population déclarerait
dès maintenant un moratoire sur toutes les vaccinations
Covid, du moins jusqu'à ce que des recherches plus
approfondies aient été menées dans le monde entier,
avant que ces vaccins ne se soldent effectivement par
un massacre mortel comme le monde n'en a jamais
connu.

Or, c'est le contraire qui se produit. Le gouvernement
européen travaille sur une série d'amendements
(constitutionnels) qui devraient rendre permanente la
privation de notre liberté et de notre droit à
l'autodétermination, et ouvrir la voie aux vaccinations
obligatoires.

Si nous en arrivons là, nous ne pourrons probablement
que conclure que notre propre gouvernement s'est
déclaré le plus grand ennemi de la santé publique et
qu'il contribue sciemment à la réalisation d'un génocide
potentiel. Nous ne pouvons qu'espérer qu'il y a
suffisamment de politiciens et de parlementaires à
Bruxelles qui écouteront (à nouveau) leur conscience.

Un certain nombre de décideurs politiques semblent
avoir définitivement perdu leur capacité à le faire.

Chapitre 13 : Suppression du système immunitaire

Le Covid-19 est "principalement une maladie vasculaire", selon les chercheurs - Circulation Research : Les lésions pulmonaires sont favorisées par une protéine de pointe - Votre système immunitaire travaille contre vous pour vous protéger du vaccin.

Dans une publication scientifique, des chercheurs du célèbre Salk Institute, fondé par le pionnier des vaccins Jonas Salk, admettent indirectement que les vaccins Covid provoquent des caillots sanguins potentiellement mortels et nuisent à la fois aux vaisseaux sanguins et au système immunitaire.

Nous avons noté en début de semaine qu'un nombre croissant de scientifiques de renom en viennent à penser que les vaccins constituent le plus grand danger pour la santé humaine.

Des milliers d'Européens et d'Américains ont déjà payé de leur vie, et des centaines de milliers de leur santé, leur participation "volontaire" à la plus grande expérience "médicale" de l'histoire.

En Occident, tous les vaccins Covid programment le corps humain pour qu'il crée la protéine spike, l'élément le plus mortel du prétendu virus SRAS-CoV-2, dans le but de protéger les humains contre les conséquences dommageables de la protéine spike.

En un mot, nous faisons fabriquer à votre corps quelque chose de nocif pour qu'il génère des anticorps contre ce même danger, mais nous n'avons aucune idée de la manière dont ce processus pourra être arrêté, ni même s'il le sera un jour.

Alors pourquoi ne pas prendre le "risque" de contracter le virus, dont il a été démontré qu'il ne rendait pas malade 99,7 % de la population, voire pas du tout ? Non, en 2021, ce raisonnement rationnel, historiquement non controversé, est soudainement dépassé. Nous ne pouvons plus compter sur notre système immunitaire naturel et devons plutôt compter sur ce qui est administré par une seringue.

La Covid-19 est principalement une maladie vasculaire, explique le chercheur.

L'industrie de la vaccination, les politiciens et les médias continuent d'insister sur le fait que la protéine spike est sans danger, mais le Salk Institute a maintenant établi que ce n'est pas le cas. Au contraire, les chercheurs du Salk Institute et d'autres collègues scientifiques avertissent dans la publication "The spike protein of the new coronavirus plays an extra crucial role in disease" que la protéine spike endommage les cellules, "ce qui confirme que le Covid-19 est en grande partie une maladie vasculaire."

Une autre protéine de pointe qui a fait tant de victimes ?

Bien sûr, il est interdit aux scientifiques de Salk de critiquer directement les vaccins. C'est pourquoi, selon leur article, la protéine de pointe produite par les vaccins se comporte très différemment de la protéine de pointe produite par le prétendu virus.

Tout d'abord, cela contredit les affirmations de tous les fabricants de vaccins selon lesquelles leurs vaccins créent la même protéine de pointe. Deuxièmement, cela jette un doute sur l'efficacité des vaccins, car si la protéine de pointe produite par les vaccins diffère considérablement de celle produite par le virus, quel est l'intérêt de la vaccination (en supposant, pour l'instant, que ces "vaccins" génétiquement conçus fonctionnent) ?

D'un autre côté, même les scientifiques pro-vaccins acceptent maintenant que la protéine de pointe est responsable d'un grand nombre de décès et de personnes souffrant d'effets secondaires majeurs et de dommages à long terme, souvent permanents, pour la santé. En d'autres termes, c'est une admission implicite que les vaccinations Covid-19 sont potentiellement mortelles.

La protéine de pointe provoque des lésions pulmonaires, selon une étude publiée dans Circulation Research.

83

"La protéine de pointe SARS-Cov-2 altère la fonction endothéliale en inhibant l'ACE-2", selon une étude scientifique publiée dans Circulation Research. L'intérieur du cœur et des vaisseaux sanguins est tapissé de cellules endothéliales. En diminuant les récepteurs ACE-2, la protéine spike "favorise les lésions pulmonaires". Les cellules endothéliales des artères sanguines sont endommagées, et le métabolisme s'en trouve perturbé.

Les auteurs de cette étude étaient également favorables à la vaccination, affirmant que les "anticorps générés par le vaccin" pouvaient protéger l'organisme contre la protéine spike. Essentiellement, la protéine de pointe peut causer des dommages importants aux cellules vasculaires, et le système immunitaire peut contrer ces dommages en combattant la protéine de pointe.

Le système immunitaire essaie de vous protéger CONTRE le vaccin.

En d'autres termes, le système immunitaire humain s'efforce de défendre le patient contre les effets négatifs et les contre-réactions du vaccin afin d'empêcher le patient de mourir. Toute personne qui survit au vaccin Covid le doit à la protection de son propre système immunitaire CONTRE le vaccin, et non au vaccin lui-même.

La vaccination est l'arme", conclut Mike "Natural News" Adams. Votre système immunitaire vous protège. Tous les vaccins Covid devraient être retirés du marché immédiatement et réévalués pour leurs effets négatifs à long terme, sur la base de cette seule recherche.

Selon les statistiques officielles du VAERS, le nombre de décès liés aux vaccins aux États-Unis en 2021 sera supérieur de près de 4 000 % au nombre total de décès liés aux vaccins en 2020.

Le vaccin saint n'est pas responsable d'une crise cardiaque ou d'une hémorragie cérébrale.

Le mécanisme suivant a été scientifiquement prouvé et est désormais établi : les vaccins Covid-19 incitent votre corps à fabriquer la protéine spike, qui peut provoquer des lésions vasculaires et des caillots de sang, lesquels peuvent se déplacer dans tout le corps et se retrouver dans divers organes (cœur, poumons, cerveau, etc.). Les personnes qui meurent à cause de cela sont appelées "crise cardiaque", "caillot de sang" ou "hémorragie cérébrale". Les sacro-saints vaccins ne peuvent et ne doivent jamais être mis en cause, quelles que soient les preuves actuelles qu'ils en sont la cause principale.

Les vaccinés semblent présenter un risque pour les non-vaccinés, en plus de la possibilité d'un préjudice permanent ou mortel pour leur propre santé. De nombreux "wappies" de la couronne qui ont récemment reçu leurs vaccins ont été transformés en "usines à pointes" ambulantes, et peuvent maintenant exhaler ces protéines de pointes. Ils peuvent ainsi infecter d'autres personnes par ce processus d'"excrétion".

Les vaccins contre les armes biologiques ont été créés par l'administration de l'apartheid contre la population noire.

Les vaccins sont utilisés depuis longtemps comme armes biologiques contre le grand public. Le gouvernement d'apartheid de l'Afrique du Sud a créé la technologie à la base d'une telle vaccination "auto-réplicative". À l'époque, les scientifiques développaient des vaccins "raciaux" dans le but d'éradiquer une grande partie de la population noire.

Cette année, l'école de santé publique Johns Hopkins Bloomberg a proposé d'utiliser un vaccin auto-répliqué pour "vacciner" automatiquement l'ensemble de la population mondiale. Des drones et des robots d'IA seraient ensuite utilisés pour appliquer et surveiller le programme.

Les personnes qui sont encore impatientes de s'inscrire dans une allée de vaccins qui seront génétiquement modifiés pour générer une protéine de pointe potentiellement mortelle semblent avoir été totalement trompées par les médias grand public et les politiciens du système. Ils ont été engourdis par tous les avertissements et les montagnes de preuves, et ils ne

peuvent pas croire que le monde est dirigé par des
monstres sans scrupules qui n'ont aucun scrupule à
commettre le plus grand génocide potentiel de l'histoire
de l'humanité.

Chapitre 14 : Passeports et puces

Une interview de 2016 de Klaus Schwab, haut responsable du WEF, dans laquelle il prédit que "d'ici 10 ans" une carte de santé mondiale obligatoire sera adoptée, et que tout le monde aura des puces implantées, ajoute à la preuve que le numéro de Covid-19 a été minutieusement préparé.

Schwab aurait travaillé sur un plan il y a au moins cinq ans pour créer une énorme épidémie de virus et l'exploiter pour établir des passeports sanitaires et les lier à des tests et des vaccinations obligatoires, le tout selon l'approche problème-réaction-solution. L'objectif est d'avoir un contrôle total sur l'ensemble de la population humaine de la planète.

D'ici dix ans, nous aurons des micropuces implantées", a déclaré Schwab il y a cinq ans.

En 2016, un intervieweur francophone lui a demandé : "On parle de puces implantables ?" "Quand est-ce que ça va arriver ?".

"Absolument dans les dix prochaines années", a déclaré Schwab. Nous commencerons par les mettre dans nos vêtements. Nous pouvons ensuite imaginer les implanter dans notre cerveau ou notre peau. Le contremaître du WEF a ensuite commenté sa vision de la "fusion" de l'homme et de la machine.

À l'avenir, nous pourrons peut-être communiquer directement entre notre cerveau et le monde numérique. Nous observons une fusion des mondes physique, numérique et biologique". Il suffira de penser à quelqu'un dans le futur pour pouvoir le joindre directement à travers le "nuage".

Il n'y aura plus de personnes biologiques avec un ADN naturel dans le monde transhumaniste, qui deviendra enfin entièrement "numérique". Le "cloud" sera utilisé pour stocker les données de chacun.

L'humanité a commencé à être reprogrammée génétiquement.

L'ordre économique actuel sera détruit par le "Great Reset" de Schwab ("Build Back Better"). L'effondrement financier imminent sera exploité pour lancer un nouveau système mondial basé uniquement sur la monnaie et les transactions numériques. Ce nouveau système sera connecté au monde entier grâce à la technologie 5G. Les réfractaires seront interdits "d'achat et de vente", autrement dit, de vie sociale.

À la fin des années 2020, les " vaccins " à ARNm Covid-19 ont commencé à programmer et à manipuler génétiquement l'humanité afin de la rendre " apte " à être d'abord liée, puis intégrée, à ce système numérique mondial, qui, comme vous le savez, est selon moi le domaine biblique de la " Bête ".

Ces vaccins modificateurs de gènes ont le potentiel d'éliminer votre libre arbitre et votre capacité à penser par vous-même, ainsi que votre désir et votre capacité à vous connecter au monde spirituel.

Perspective chrétienne : l'humanité est coupée de Dieu

D'un point de vue chrétien, la reprogrammation de l'ADN humain par ces vaccins peut être considérée comme la dernière tentative de Satan pour séparer définitivement l'humanité de Dieu. Cela semble être la véritable explication de l'avertissement du livre biblique prophétique de l'Apocalypse selon lequel les individus qui portent cette "marque" périront.

Ce n'est pas simplement à cause d'une puce et d'une succession de piqûres ; c'est à cause de ce que ces piqûres feront à et en vous. En conséquence, Dieu sera incapable de sauver ceux dont l'esprit (le libre arbitre) aura été reprogrammé pour une obéissance totale ("adoration"). Cela nécessitera Son intervention, car sinon, l'humanité dans son ensemble sera perdue à jamais.

Les faux enseignements ont aveuglé une grande partie du christianisme.

L'aspect essentiel de ce complot sournois, qui était en préparation depuis longtemps, était l'infiltration du christianisme avec une série de faux enseignements, dans le but de maintenir les croyants aveugles jusqu'à la fin des temps, en préparation de l'avènement et de l'établissement du règne de la Bête.

En effet, des dizaines à des centaines de millions de chrétiens, notamment en Occident, croient qu'ils n'auront jamais à vivre cette période. Même maintenant, alors que la mise en œuvre de ce système a commencé, la majorité des gens refusent de l'accepter. Avec leurs opinions pro-vaccination, la plupart des partis et des églises chrétiennes coopèrent ouvertement à cette "Grande Réinitialisation" vers le domaine de "la Bête". En termes théologiques, le Vatican en est le moteur le plus puissant et le plus convaincu.

"Mais nous avons été dupés !" n'est pas une excuse.

Peut-être qu'un parallèle biblique peut aider certaines personnes à comprendre ? Genèse 3, le récit de la création et de la "chute", tel qu'il nous est raconté aujourd'hui : Le serpent persuade Adam et Eve qu'ils n'ont pas le droit de "manger" la "pomme", en l'occurrence le signe, c'est-à-dire de ne pas se la faire piquer (test de la racine du "signe" : charagma = gratter/quelque chose avec une aiguille = piquer), mais le serpent les persuade que ce signe ne les damnera pas, mais fera d'eux des "dieux". Après avoir été persuadés par ce mensonge, leurs plaintes contre Dieu ("mais on nous a menti !") ont été vaines, et ils sont morts lentement et douloureusement. Ils auraient pu et dû savoir, ils n'avaient donc aucune justification.

91

Accepter le "signe", selon la Bible, entraîne une conséquence encore plus grave : la mort éternelle. Se laisser modifier génétiquement par des vaccins à ARNm, puis intégrer dans un réseau numérique mondial, en renonçant ainsi à tout contrôle sur son corps et à son libre arbitre, c'est à chaque individu de décider si le danger en vaut la peine.

Chapitre 15 : Une dette sans fin ?

La fraude pandémique a entraîné l'Occident plus loin dans la dette que la Seconde Guerre mondiale - le plus grand fonds de pension britannique (n° 6 au monde) informe les investisseurs que le retrait de l'argent peut prendre jusqu'à 95 jours, et met en garde contre une insolvabilité probable.

L'effondrement imminent du système financier est le moteur secret de la poursuite des fausses mesures de la pandémie de corona et des développements effrayants en Ukraine. En fait, il s'agit du même problème qui a existé de 2008 à 2011, puisqu'il n'a été "réglé" qu'avec des taux d'intérêt négatifs et des sommes massives de nouvelle monnaie numérique, qui ont principalement profité aux gouvernements, aux actionnaires et aux grands acteurs financiers. Maintenant que le FMI a averti dans une étude que les dettes publiques n'ont jamais été aussi élevées depuis la Seconde Guerre mondiale, cette méga-catastrophe, qui aura des effets considérables pour les gens ordinaires, pourrait éclater à tout moment.

Nous écrivons à ce sujet depuis des années, et maintenant le FMI prévient que les dettes nationales n'ont jamais été aussi élevées depuis la Seconde Guerre mondiale. La crise de Corona a servi d'excuse dans le monde entier pour créer pratiquement "de l'argent comme de l'eau", car il ne vaut plus rien. Rien qu'en Europe, le montant total concerné est monstrueux : 130

milliards d'euros, soit près d'un tiers de la dette nationale totale jusqu'en 2019.

La nouvelle Grande Dépression n'a été que repoussée.

Si la moitié de l'économie n'avait pas été mise sous perfusion depuis l'année dernière, nous serions actuellement dans une dépression plus profonde que celle des années 30. Alors, quelle est, selon vous, la bonne solution ? Essayez de vous rappeler votre première leçon d'économie au lycée, ou la question que presque tous les enfants ont posée à leurs parents à un moment donné de leur vie : "Pourquoi ne pas simplement mettre de l'argent sur la photocopieuse pour en avoir toujours assez et pouvoir acheter des copies ?". "riche

Nous supposons que nous n'avons pas à répondre à ces questions ? Si c'est le cas, vous devriez arrêter de lire et retourner dans les grands médias de propagande, qui semblent n'avoir aucune idée de ce qui se passe (et s'ils en avaient une, ils n'écriraient peut-être pas sur le sujet avant que la crise ne soit un fait accompli et irréversible).

La crise est-elle résolue ? La dette de la Grèce a déjà atteint 200 % du PIB.

Le dernier rapport du FMI intitulé "Fiscal Monitor" offre un tableau sombre : les dettes publiques n'ont jamais été proportionnellement aussi élevées depuis la fin de la deuxième guerre mondiale, le conflit le plus meurtrier de l'histoire. Vous souvenez-vous de la crise grecque, qui a mis en péril l'ensemble de la zone euro et de l'UE et qui a été évitée de justesse ? La dette fédérale de la Grèce a grimpé à 160 % du PIB. Le pays a dû être "sauvé" grâce à plusieurs plans de sauvetage totalisant des centaines de milliards d'euros provenant de pays tels que l'Allemagne.

La dette nationale de la Grèce s'élève désormais à plus de 200 % du PIB. Qu'en pensez-vous, ce "sauvetage" a-t-il été utile ?

En tout cas, pas pour le peuple grec ou l'économie grecque. Ils ont simplement reçu des miettes. Les seules personnes "sauvées" ont été les banques européennes, qui ont été "payées" par le contribuable européen pour leurs dettes envers la Grèce de cette manière particulièrement trompeuse. Les médias nous ont informés que nous avions "sauvé" les Grecs, mais en réalité, tout comme en 2008, nous avions sauvé les banques - celles-là mêmes qui nous avaient mis dans ce pétrin.

Par exemple, le nombre de lits de soins intensifs a été réduit de moitié, ce qui a donné lieu au niveau par habitant le plus bas d'Europe. Puis, en 2020, un virus respiratoire de type grippal est apparu, dont la menace a été exagérée à dessein afin de faire passer toutes sortes de restrictions punitives limitant la liberté. Nous le faisons pour le bien de tous (après l'avoir détruit)".

95

Non, "nous" le faisons pour préparer la population à une crise bancaire.

Les banques doivent être renflouées à nouveau.

Nous sommes maintenant en 2021, et les banques doivent être sauvées une fois de plus. Comme nous l'avons déjà indiqué, les principales banques systémiques européennes, telles que la Deutsche Bank et la Société Générale, sont techniquement en faillite. Dans le même temps, le mythe de la pandémie a enfoncé les pays industrialisés plus profondément dans la dette que ne l'a fait la Seconde Guerre mondiale, et la BCE a récemment pris de nouvelles mesures qui érodent encore davantage notre pouvoir d'achat et notre richesse.

Plus personne ne parle de la nécessité de se désendetter. Toutes les parties - gouvernements et entreprises - espèrent que les taux d'intérêt resteront nuls ou négatifs à perpétuité, et que l'argent continuera à ne jouer aucun rôle dans l'État. Une augmentation des taux d'intérêt est, en effet, la pire des situations. Même si elle est mineure, elle contraindra rapidement deux pays européens beaucoup plus endettés, l'Italie et l'Espagne, à la faillite. Un sauvetage est hors de question, car il coûterait des milliers de milliards d'euros. Par conséquent, l'effondrement de l'un de ces deux pays entraîne automatiquement l'effondrement de la zone euro.

Des "contributions de réorganisation", mais de qui ?

En conséquence, le FMI suggère que les nations commencent à prélever des "paiements d'assainissement" sur les revenus, les actifs et les gains - un conseil qui laisse quelque peu perplexe, étant donné que seul un développement économique solide et soutenu peut potentiellement nous sortir du gouffre de ce désastre systémique. Si vous taxez encore plus durement le secteur des entreprises déjà en difficulté, vous n'obtiendrez que l'effet inverse : la crise sera exacerbée et intensifiée, des centaines de milliers d'entreprises feront faillite et d'innombrables personnes perdront leur emploi.

Et il n'y a rien de plus à obtenir des gens déjà mis à rude épreuve. Des impôts encore plus élevés et des coupes encore plus profondes plongeront des pans entiers de la population pauvre et des classes moyennes dans une pauvreté abjecte. Les gouvernements n'ont d'autre choix que de se tourner vers une répression financière draconienne, qui fera mal au citoyen ordinaire, mais surtout aux plus bas salaires et aux plus vulnérables. Des millions de personnes seront bientôt incapables de payer leurs factures de logement et d'énergie ainsi que leurs denrées alimentaires par leurs propres moyens. La plupart d'entre nous devront se serrer la ceinture, métaphoriquement et pratiquement.

Certains analystes prédisent une hyperinflation de type "Weimar", qui réduira complètement notre pouvoir

97

d'achat. Compte tenu des circonstances extrêmement périlleuses dans lesquelles se trouvent actuellement de nombreux habitants et entreprises, même un taux d'inflation considérablement plus faible, de 3 à 4 %, sera le coup de grâce. Les obligations d'État, les assurances-vie, les fonds de pension et les économies n'auront plus aucune valeur en un rien de temps.

Le sixième assureur mondial a lancé un avertissement d'"insolvabilité".

Les signes de l'approche de la crise du système financier sont également évidents au Royaume-Uni, où Aviva, le plus grand assureur/fonds de pension du pays et le sixième au monde, a informé ses clients qu'il pourrait s'écouler jusqu'à 95 jours avant qu'ils puissent retirer de l'argent de leurs comptes.

L'avertissement direct est encore plus effrayant : "Si une banque, un assureur ou un fonds de pension utilise cette phrase, c'est le signe de difficultés extrêmement importantes et très probablement insurmontables.

L'or, l'argent et la monnaie ont été éliminés du Royaume-Uni.

Sans explication, une importante somme d'or, d'argent et d'espèces a été retirée de manière inattendue du Royaume-Uni et transportée au Qatar récemment. La Banque des règlements internationaux (la BRI à Bâle, la "banque centrale des banques centrales") a documenté un paiement de 1,8 milliard de dollars de la Fondation Hillary Clinton à la Banque centrale du Qatar (QCB).

Les causes possibles vont de l'effondrement financier imminent du Royaume-Uni à un conflit avec la Russie dans lequel les villes britanniques pourraient être anéanties par des armes nucléaires.

Les citoyens et les entreprises ne posséderont RIEN dans la zone euro numérique.

Cela fait des années que nous avertissons qu'une catastrophe systémique est en route, et il semble qu'elle soit presque arrivée. Cette catastrophe, qui pourrait être précipitée par une cyber-attaque sous faux drapeau (prétendument menée par la Russie ?), serait utilisée pour faire passer la "Grande Réinitialisation", qui n'est rien d'autre que l'installation d'une tyrannie technocratique communiste climatovaccinale, d'une dureté sans précédent et extrêmement draconienne.

En termes financiers et économiques, cela implique que l'euro sera totalement numérique, que TOUT sera propriété de l'État (même votre propre corps) et que les citoyens et les entreprises seront à jamais privés de toute forme de propriété ou de voix au chapitre. Le Forum économique mondial prévoit également un taux de chômage permanent de 35 à 41 %, ainsi que la mise en place d'un revenu de base qui sera juste suffisant pour maintenir les gens en vie.

Voulez-vous la grande réinitialisation ?

C'est ce qui se prépare, et on ne peut pas l'arrêter.
Même si la masse des gens se réveillait à la dernière
minute et se révoltait contre cela, une "Grande
Réinitialisation" serait toujours nécessaire, mais d'une
ampleur complètement différente de celle du WEF et
des mondialistes de Washington, Bruxelles, Londres,
Paris, Berlin, Rome et La Haye. Leur réinitialisation
concentre tous les pouvoirs et toutes les richesses dans
les mains d'un petit club d'élite, alors que la
réinitialisation dont nous avons vraiment besoin réalise
l'inverse.

La Deutsche Bank, techniquement insolvable, a prévenu
que le "Green Deal" de l'UE, qui est censé permettre la
"Grande Réinitialisation", déclenchera en réalité une
méga-crise et annoncera l'entrée en scène d'une éco-
dictature qui détruira notre richesse actuelle.

Quoi qu'il en soit, l'an dernier, les Européens ont
massivement voté pour des partis qui veulent adopter,
et sont en train de mettre en œuvre, le Green Deal de
l'UE et l'initiative Reset du Forum économique mondial
(du moins, si les résultats des élections sont corrects).
Lorsque leurs fausses promesses et leurs visions d'un
paradis climatique technocratique s'avéreront avoir
déclenché un véritable enfer sur terre pour presque
tout le monde, se regarder dans le miroir et se
demander avec perplexité "comment avons-nous pu
laisser les choses aller si loin ?" sera la seule chose qui

restera à ce peuple crédule et apathique à
l'insupportable mentalité d'esclave.

Nous nous excusons de conclure de la sorte, mais
comme nous observons de plus en plus d'individus
portant des casques buccaux même à l'extérieur au
soleil, il n'y a tout simplement aucune raison de croire
que la sobriété et le bon sens reviendront un jour à la
normale. Je crains que cet esprit sombre d'encre de la
peur sociétale de la mort et de la folie, cultivée et
attisée à dessein, ne fasse qu'engendrer beaucoup de
peine et de chagrin.

Chapitre 16 : Plus d'argent ?

La méga-crise financière imminente sera exploitée pour achever la "grande réinitialisation" communiste.

Alors que l'attention du gouvernement et des médias reste presque entièrement focalisée sur Corona, des changements très inquiétants se produisent en arrière-plan au sein de l'UE, qui risquent d'avoir de profondes répercussions sur notre économie et notre pouvoir d'achat à court et moyen terme. Les taux d'intérêt sur les obligations d'État ayant recommencé à grimper, la BCE achètera davantage de dette publique dans les mois à venir. En outre, le secteur financier, de facto en faillite technique, est beaucoup plus en difficulté en raison de la crise monétaire fabriquée de toutes pièces. La seule chose qui maintient la cohésion de la Commission européenne est l'arbre magique de la BCE", affirme l'expert Alasdair Macleod. Si vous avez déjà assisté à deux cours d'économie, vous devriez savoir où une telle chose est "Money Tree" mène TOUJOURS : "C'est un spectacle d'horreur en cours de réalisation."

L'EUSSR est une affaire réglée, tant sur le plan politique que financier.

Les critiques parlent parfois de l'Union européenne comme de l'URSS, et en 2021, rien de tout cela n'est exagéré - plutôt l'inverse. Sur le plan politique, l'UE a longtemps fonctionné de la même manière que l'ancienne Union soviétique : le Politburo, un club de bureaucrates non élus connu sous le nom de Commission européenne, détermine la politique et envoie ses "souhaits" (=ordres) au Conseil européen des chefs de gouvernement, qui en débattent pour la forme et envoient ensuite ces ordres à leurs propres pays indépendants - en nom seulement - où les parlements sont élus.

Pour maintenir le faux-semblant d'une démocratie européenne, l'UE entretient son propre "parlement", dont tous les membres reçoivent des salaires, des primes et des pensions exorbitants pour participer à ce grand spectacle tout en restant muets sur le fait qu'ils n'ont rien, absolument rien à apporter. Le seul moment où ce parlement a semblé avoir un quelconque "pouvoir" a été lorsqu'il a renvoyé une Commission européenne chez elle, mais il s'agissait très probablement d'une mise en scène, surtout rétrospectivement, car c'est à ce moment-là que les Européens ont commencé à se rendre compte du caractère et de l'objectif "socialistes" (au sens marxiste) de l'UE.

Récemment, la BCE a discrètement franchi une nouvelle étape vers la disparition de l'euro, du système euro/Target-2 et de sa propre disparition. Contrairement aux déclarations précédentes, la banque a choisi d'acquérir davantage d'obligations d'État dans les mois à venir, alors que les taux d'intérêt augmentent dans le monde entier. Si cette tendance se poursuit, l'ensemble du réseau de la zone euro fera faillite. Et ce réseau n'est qu'un amas de pommes pourries", ajoute M. Macleod. C'est le résultat non seulement d'un système défaillant, mais aussi de mesures conçues pour empêcher les taux d'intérêt de l'Espagne d'augmenter en 2012.

Quoi qu'il en soit, l'euro est "sauvé" aux dépens des citoyens.

À l'époque, le président de la BCE, Mario Draghi, a déclaré qu'il sauverait l'euro "coûte que coûte". Ce qu'il ne nous a pas dit, c'est que le coût de ce "coûte que coûte" sera supporté par les épargnants et les fonds de pension européens. En raison de l'accroissement de la dette, l'action de Christine Lagarde doit être considérablement plus importante que celle de son prédécesseur, Mario Draghi. Au final, tous les Européens devront en payer le prix fort, sous la forme d'une perte importante et irréversible de pouvoir d'achat et de richesse. Les années de prospérité des États membres de l'UE touchent à leur fin.

Lagarde fait monter d'un cran le mantra "tout ce qu'il faut" de Draghi. La BCE, qui se dit "indépendante" mais qui est fondamentalement une organisation politique, a toujours eu un seul objectif : veiller à ce que les dépenses effrénées des États membres du Sud, en particulier, soient toujours couvertes.

À cette fin, un mécanisme inventif a été imaginé : L'Italie et l'Espagne doivent à elles seules environ 1 000 milliards d'euros au système de la BCE. L'Allemagne, le Luxembourg, la Finlande et les Pays-Bas, quant à eux, doivent environ 1 600 milliards d'euros dans le cadre de ce système, l'Allemagne se taillant la part du lion (plus de 1 000 milliards d'euros). (En réalité, le minuscule Luxembourg peut être considéré comme une banque se faisant passer pour un État indépendant, l'un des nombreux artifices employés par la BCE pour faire paraître la situation financière de l'UE plus favorable).

Les grandes mégabanques sont techniquement en faillite.

En achetant des obligations d'État, la BCE a déjà accumulé une dette de 345 milliards d'euros, due en partie au financement clandestin du déficit public croissant de la France. La France fait désormais partie des pays PIIGS, même si cela ne sera jamais officiellement reconnu car la France est considérée comme un État "d'importance systémique". Entre-temps, le passif de la France commence à peser lourdement sur le système de l'euro, notamment parce que la méga-banque française Société Générale, ainsi que la Deutsche Bank et l'italien Unicredit, sont techniquement insolvables sur le plan fonctionnel.

Ce que les chiffres ne révèlent pas, c'est que la Bundesbank a déjà acheté des milliards d'euros de dette publique allemande pour le compte de la BCE. Le déséquilibre sans cesse croissant du système Target 2 est dû au fait que l'Italie, l'Espagne, la Grèce et le

Portugal, en particulier, ont été accablés par un nombre croissant de prêts irrécouvrables, c'est-à-dire de prêts qui ne peuvent et ne pourront jamais être remboursés. En conséquence, les systèmes financiers "zombies" de ces pays ont dû être alimentés en permanence par la BCE.

Créances et actifs douteux

Les créances douteuses et autres "mauvais actifs" ont été transférés vers le système euro (et donc, en particulier, vers l'Allemagne, la Finlande, les Pays-Bas et le Luxembourg) lors du "sauvetage" de la Grèce, puis vers le système Target-2 lors du "sauvetage" des banques italiennes, qui a été dissimulé au public. Ce qui n'est pas inclus dans les chiffres, c'est une somme encore plus importante de 8,31 billions d'euros (peut-être plus de 10 billions d'euros) de financement à court terme, qui est pratiquement inexistant dans la zone euro.

En résumé, si vous avez un salaire annuel moyen de 36 000 €, vous pouvez obtenir un prêt d'un million d'euros auprès d'une banque sans sourciller, et le directeur de la banque vous dit alors : "Voyez ce que vous pouvez rembourser, et quand..." Qu'en pensez-vous ? Cette banque pourra-t-elle survivre longtemps ? Et une banque centrale qui maintient ensuite ces banques à flot pendant des années pourra-t-elle se maintenir longtemps en bonne santé ?

Comme un groupe d'ivrognes tentant de se hisser hors du caniveau, la valeur des actions des banques européennes a grimpé en même temps que les marchés. Cependant, leurs notations restent effroyablement basses", déclare Macleod. La situation s'est détériorée au point que si une seule grande banque de la zone euro fait faillite, l'ensemble du système s'écroule comme un château de cartes.

L'UE est un État en voie d'effondrement, et son pouvoir d'achat sera anéanti.

L'UE présente toutes les caractéristiques d'un État en voie d'effritement ", poursuit l'analyste Cela a été le plus clair dans la réaction de l'UE au Brexit, qui ne peut être définie que comme une vengeance stupide et infantile, indépendamment des implications désagréables pour le bloc lui-même. En outre, il est peu probable que l'UE échappe aux verrouillages cette année, ce qui signifie que tous les pays membres seront contraints de continuer à contracter de nouvelles dettes massives afin de maintenir leurs économies à flot. Les effets de ces politiques hautement nuisibles seront bien pires pour l'Europe que pour les États-Unis et la Chine.

De larges pans de l'économie, notamment les PME, sont sur le point de s'effondrer. Lorsque les tendances sur les marchés des matières premières (pétrole, métaux, denrées alimentaires, etc.) seront combinées à l'augmentation massive de la masse monétaire, il en résultera une perte mondiale du pouvoir d'achat. En raison de sa propre structure, de ses politiques et de ses actions, l'UE est entièrement à la traîne du rebond économique de la Chine, qui est maintenant en pleine vitesse.

Et comme la BCE est responsable de toutes les finances, le problème de l'UE commencera sans doute par là. Il fera sans doute tomber la majorité du secteur financier... Il ne faudra pas une augmentation significative des taux d'intérêt pour l'effacer. La valeur réelle de la "valeur" et des "actifs" revendiqués par les grandes banques de la zone euro dans leurs bilans est alors révélée : "fondamentalement RIEN" Il n'est pas surprenant que la fuite des capitaux de la zone euro ait augmenté. L'argent quitte généralement les nations aux politiques terribles et gaspilleuses, et il sera bientôt sans valeur.

Le système est gonflé à dessein afin d'accomplir la grande réinitialisation communiste.

Si vous vous demandez pourquoi ils ne font rien pour éviter cela, nous vous répondrons que c'est parce que, selon nous, le système est délibérément détruit. Alors nous répondrons : parce que, selon nous, le système est délibérément mis en pièces. Un euro numérique est déjà en préparation, et il finira par remplacer toutes les devises. Ce nouveau système monétaire numérique sera très probablement lancé pendant ou peu après la méga-crise financière qui s'annonce, et sera progressivement connecté à tout (carte

d'identité/passeport, carte de débit, carte Covid, etc.)
Toutes les dettes seront confisquées et tous les "actifs",
tous les biens, tous les fonds, de toutes les sociétés et
de tous les individus, seront transférés à l'État.

La "grande réinitialisation", ou la transformation du bloc
de libre-échange de la CEE, autrefois couronné de
succès, en une Union soviétique européenne dotée d'un
régime technocratique et profondément communiste,
sera alors achevée. Alors notre prospérité, ainsi que
toutes nos libertés et nos biens, seront restaurés. (Et
vous, en tant qu'entrepreneur, vous avez été ravi
lorsque le gouvernement s'est engagé à vous
rembourser 100 % de vos dépenses fixes !
Honnêtement, ne savez-vous pas que vous avez tous
marché droit dans un piège ? Que vous n'aurez bientôt
plus rien à dire concernant votre propre entreprise et
votre survie dans cette économie contrôlée) ?

Regardez dans les livres d'histoire pour vous faire une
idée de la "belle" vie que nous aurons alors. Cependant,
pour la grande majorité des gens, un tel appel tombera
dans l'oreille d'un sourd. Ils ont voté encore plus
massivement pour des partis prétendument "libéraux"
qui ont adopté pendant des années des politiques
européennes presque entièrement néo-marxistes.

À notre grand désarroi, il semble qu'il ne reste qu'une
seule chose à faire pour ramener les gens à la raison, et
c'est d'expérimenter beaucoup de souffrance (encore).
Avec l'espoir que nos (petits-)enfants survivants auront

tiré les leçons de ces dures épreuves et seront capables et désireux de construire une société bien plus saine, un monde où les grandes banques, les grandes entreprises pharmaceutiques, les grandes entreprises technologiques, les grandes entreprises militaires et les grands gouvernements, en d'autres termes la grande corruption, n'ont pas leur place : la grande corruption, n'ont pas leur place.

Chapitre 17 : 1921-1922 ?

Le parallèle entre l'Allemagne 1914-1923 et l'Occident 2010-2021 est sans faille.

L'histoire se répète-t-elle à tous égards, mais à une échelle encore plus grande ? Cela y ressemble étrangement. Comme dans les années 1910 et 1920, des sommes inimaginables créées à partir de rien ont été utilisées pour racheter des quantités massives de dettes et créer une énorme richesse, et tout le monde veut une part du gâteau. Le chef de Wall Street Michael Burry, surnommé "Big Short" parce qu'il a été le premier investisseur à prévoir la crise des subprimes (2007-2010), prévient que l'hyperinflation va soudainement éclater, comme dans la République de Weimar.

Les gens ont dit que je n'avais pas prévenu la dernière fois", a répondu le gestionnaire de fonds spéculatifs "Big Short" Burry à la tempête de réactions suscitées par sa prédiction d'hyperinflation. *Je l'ai fait, mais personne n'a écouté. Alors j'avertis maintenant. Et encore une fois, personne n'écoute. Mais j'aurai la preuve que j'ai prévenu".*

Récemment, Burry a tweeté que la MMT du gouvernement américain (Théorie monétaire moderne, la voie communiste de facto suivie par l'UE depuis environ 7 ans) "invite à l'inflation". L'administration Biden dépense des milliers de milliards pour maintenir l'économie et la société "à flot" au milieu de la crise coronaire, mais elle obtiendra le résultat inverse dès qu'elle rouvrira progressivement ses portes. Lorsque la demande augmentera à nouveau, tout cet argent fera exploser les prix et les coûts des travailleurs, ce qui sera le début de l'inflation, ou de l'hyperinflation, qui deviendra incontrôlable.

Ça ne pouvait plus durer.

Michael Hartnett, DSI de Bank of America, compare également le "tsunami de la relance budgétaire" et la monétisation de l'énorme fardeau de la dette (ce qui a été fait dans l'UE depuis 2014 avec des rachats massifs de dette souveraine et avec des taux d'intérêt négatifs, au détriment de l'épargne, des retraites et du pouvoir d'achat) directement à la situation de l'Allemagne (la République de Weimar) après la Première Guerre mondiale.

Jens Parsson a écrit en 1974 que la période 1914-1923 était caractérisée par "une grande prospérité, du moins pour ceux qui profitaient du "boom". Il régnait une atmosphère "impatiente". Les prix étaient stables, la bourse et les affaires se portaient bien. Le mark allemand a même commencé à valoir plus que le dollar, et a été pendant un certain temps la monnaie la plus forte du monde.

Pourtant, il y avait des "groupes simultanés avec la pauvreté". De plus en plus de gens tombaient dans l'argent facile, et ne pouvaient pas y entrer. La criminalité augmenta fortement'. L'homme du commun " se démoralisait ", parce que le travail acharné et l'épargne rapportaient de moins en moins, tandis que d'autres faisaient fructifier leur argent depuis leur paresseuse chaise longue, et devenaient de puissants riches.

Tout le monde voulait une part du gâteau

Presque toutes les formes d'entreprises, aussi spéculatives soient-elles, ont gagné de l'argent. Le nombre d'effondrements et de faillites a diminué. La "sélection naturelle (économique)", selon laquelle les entreprises faibles, mal gérées et/ou non essentielles tombent et les plus solides restent à flot, a disparu.

La spéculation est devenue l'une des activités les plus importantes en Allemagne. Tout le monde veut une part du gâteau, y compris les citoyens de presque toutes les classes. Même les ascensoristes prennent part aux investissements. Ce ne sont pas la production, l'innovation et les réalisations qui créent la prospérité, mais l'argent et la spéculation. La bourse de Berlin ne pouvait littéralement pas suivre les volumes de titres échangés.

1921/22 = 2021/22

Et puis vint le coup, aussi soudain que dévastateur. Tous les marks qui existaient dans le monde en 1922 ne suffisaient pas en novembre 1923 pour acheter un seul journal ou un ticket de tramway. C'était la partie spectaculaire de l'effondrement, mais la plupart des pertes réelles de richesse (monétaire) avaient eu lieu bien avant. Pendant ces années, la structure s'est tranquillement construite pour ce coup. Le cycle d'inflation allemand n'a pas duré un, mais neuf ans : 8 ans de croissance, et seulement 1 an d'effondrement.

Il faut avoir eu les yeux très fermés au cours des 10 dernières années pour nier que Burry a doublement raison lorsqu'il écrit que cette analyse vieille de 47 ans s'applique parfaitement à la période 2010 - 2021, au cours de laquelle les dollars (et les euros) "auraient tout aussi bien pu tomber du ciel... les équipes de gestion ont fait preuve de créativité et ont pris encore plus de risques... et ont versé aux investisseurs des dividendes financés par la dette, ou ont investi dans des opportunités de croissance risquées".

Les citoyens ont été massivement invités et exhortés à investir leur propre argent, tout comme à l'époque, car les cours des actions ne feraient de toute façon que continuer à augmenter, tout comme les prix des maisons. Ces dernières années, le marché hautement spéculatif des crypto-monnaies s'est avéré être le plus rentable ; certaines personnes qui s'y sont mises tôt sont devenues très riches, et ont pu prendre une retraite anticipée.

Et encore une fois, nous sommes au bord d'un crash sans précédent.

Comme en 1921-1922, la plupart des gens ne se rendent pas compte qu'exactement un siècle plus tard, grâce à une fièvre spéculative encore pire et à des politiques fiscales et monétaires d'une folie sans précédent, nous sommes à nouveau au bord d'un krach aussi soudain et énorme, avertit également Burry. L'hyperinflation de "Weimar" a anéanti en un rien de temps toute prospérité, à l'exception de celle de l'"élite" et de quelques grands acteurs financiers. Une pauvreté et une misère amères attendaient le peuple, qui devint le terrain fertile pour la montée des nazis.

Et il existe d'autres parallèles effrayants. Tout comme dans les années 1930, notre époque est marquée par une campagne de peur massive, les gens sont montés les uns contre les autres et des mesures dictatoriales sévères ont été prises, qui ont mis fin à nos libertés et à bon nombre de nos droits. Tout comme dans les années 1940, des expériences médicales sont menées sur des personnes, mais désormais pas seulement dans des camps fermés, mais dans le monde entier, avec des vaccinations controversées, sur des milliards de personnes à la fois. Et tout comme dans les années 1920, la plupart des gens ne voulaient pas entendre parler de crise ; après tout, les arbres poussaient jusqu'au ciel, et ils continueraient toujours à le faire.

Cependant, les politiciens savent depuis longtemps que la plus grande crise financière de tous les temps est imminente. Afin d'étouffer dans l'œuf la panique et les protestations de masse, un virus respiratoire commun a été choisi comme prétexte pour détruire pas à pas les libertés et les droits des citoyens. Nous avons écrit dès le début que le couvre-feu n'a rien à voir avec la santé et la sécurité publiques, mais tout à voir avec la capitalisation de cette crise imminente. Et qu'en pensez-vous ? Entre-temps, on spécule à La Haye sur une éventuelle prolongation du couvre-feu jusqu'à midi, "si cela s'avérait nécessaire".

Peut-on échapper à cette "grande réinitialisation" ?

Comptez sur le fait que cela SERA nécessaire, non pas pour une mutation virale, comme on le prétendra encore une fois à tort, mais pour garder les gens enfermés dans leurs mesures et lois d'urgence soigneusement élaborées, afin qu'ils ne puissent pas se révolter en masse lorsqu'il s'avérera que presque tout ce qu'ils considéraient comme acquis comme ayant de la "valeur" pour toujours - y compris leur pouvoir d'achat, leurs maisons, leurs emplois, leurs investissements et leurs pensions - a disparu pour de bon, et cela aura été fait exprès aussi, parce que cela répond à un programme politico-idéologique : la "grande réinitialisation".

Existe-t-il une échappatoire, une alternative ? Oui, mais seulement si nous résistons pacifiquement en refusant en masse de continuer à contribuer à notre propre disparition.

Chapitre 18 : Hyperinflation

Pendant des années, nous avons été étonnés que la plupart des gens semblent croire qu'il est normal que les banques centrales continuent à créer des quantités inimaginables d'argent à partir de rien en appuyant sur un bouton afin que les gouvernements puissent continuer à dépenser des quantités massives d'argent tout en croyant que leur pouvoir d'achat sera maintenu.

Quiconque a suivi deux cours d'économie au lycée sait que cela va à l'encontre de toutes les lois financières et fiscales, et que cela se traduira tôt ou tard par une pièce de théâtre. C'est presque arrivé : la Banque d'Amérique annonce l'HYPERinflation. Cela signifie que la valeur de la monnaie va s'effondrer, et que les coûts de la plupart des produits et services vont monter en flèche.

Selon les estimations annuelles, le nombre de sociétés américaines faisant état d'une inflation (élevée) a grimpé d'environ 800 %. En conséquence, la Bank of America ne peut s'empêcher de remarquer ceci : "À tout le moins, cela suggère qu'une hyperinflation "temporaire" est en route.

Les matières premières (+28 %), les prix à la consommation (+36 %), les transports (+35 %) et les produits manufacturés (+35 %) sont particulièrement vulnérables aux augmentations de prix. Bien que la BoA estime qu'elle restera "gérable", l'hyperinflation est un processus qui montre intrinsèquement que quelque chose échappe à tout contrôle.

Des prix exorbitants

Cela signifie, entre autres, que les citoyens devront finalement payer beaucoup plus cher pour presque tout, à un rythme de plus en plus élevé. En fait, nous pouvons observer cette forte inflation déguisée dans l'augmentation des prix de l'immobilier (après tout, ceux-ci ne sont pas associés à une forte reprise économique, mais à une économie de la dette financée par le gouvernement). En outre, un nombre croissant de consommateurs se plaignent que leurs achats hebdomadaires sont devenus beaucoup plus chers en un laps de temps relativement court.

La fin de la prospérité est désormais en vue.

Aussi déprimant que cela puisse être de le lire, la fin de l'abondance occidentale est désormais en vue. En effet, la situation en Europe n'est pas différente de celle des États-Unis, et à certains égards, elle est bien pire.

Considérez les dettes souveraines apparemment sans fin de l'Italie, de la Grèce et de l'Espagne, ainsi que de la France et de la Belgique. En outre, de grandes banques européennes systémiques comme la Deutsche Bank, la Société Générale et UniCredit sont techniquement en faillite.

Le Green Deal et la grande remise à zéro

À cela s'ajoutent le "Green Deal" de l'UE et l'"Excellent Reset" du Forum économique mondial. Le premier rendra l'énergie, les transports et la nourriture pratiquement inabordables pour des millions de personnes, tandis que le second effacera définitivement les quelques vestiges de liberté et d'autodétermination qui nous restent, mettant 35 à 41 % des gens au chômage, selon les données du FEM.

Alors que l'Occident se déchire en raison de la réalisation de cette dystopie climatique, la Chine et la Russie ont déjà commencé à nous prendre le relais.

Chapitre 19 : Dépeuplement imminent

Le MERS-CoV avait un taux de mortalité de 40 % en 2012 - variante africaine rendue contagieuse pour l'homme par génie génétique - Répétition de 2020, complétée par des tests et des vaccinations obligatoires pour tous ? - Prévisible : les politiques et les médias accuseront les personnes non vaccinées.

Exactement selon le scénario que nous avons décrit à de nombreuses reprises depuis l'année dernière, les revues médicales annoncent la prochaine pandémie maintenant que le Covid-19 semble être en voie de disparition : le MERS-CoV. On peut donc s'attendre à une répétition de tout ce qui s'est passé l'année dernière, de l'alarmisme délibéré à la propagande de désinformation dans les médias grand public et à une ruée vers le système de santé, après quoi des mesures "naturelles" seront prises, telles que de nouvelles fermetures strictes, complétées par des tests obligatoires et des vaccinations obligatoires pour tous. Car une fois encore, l'intention principale de cette pandémie semble être d'injecter à tout le monde une énième série de nouveaux vaccins expérimentaux.

Ne vous y trompez pas, ce n'est pas la dernière fois que le monde est confronté à la menace d'une pandémie", a déclaré M. Tedros devant l'Assemblée générale des Nations unies réunissant les ministres de la santé des 194 États membres au début de cette année. C'est une certitude évolutive qu'il y aura un autre virus ayant le potentiel d'être encore plus infectieux et mortel que celui-ci".

En effet, cet autre virus pourrait déjà arriver. Une équipe internationale de chercheurs a découvert que le syndrome respiratoire du Moyen-Orient (MERS) n'est qu'à quelques mutations de devenir une grave pandémie. Dans leur article, publié dans Proceedings of the National Academy of Sciences, ils décrivent leurs recherches sur plusieurs variantes du MERS.

Le MERS-CoV est apparu pour la première fois en Arabie saoudite en 2012, et serait particulièrement mortel. Environ 40 % des premiers patients sont morts de leurs infections, qui auraient été causées principalement par des dromadaires infectés. Et coïncidence ou non, on a également trouvé des preuves que des chauves-souris avaient infecté les chameaux. Selon les chercheurs, 80% des dromadaires testés (70% vivent en Afrique) ont désormais des anticorps dans le sang.

Une variante africaine rendue contagieuse à l'homme par génie génétique

L'épidémie de MERS-CoV n'a pas suscité beaucoup d'attention car il n'y aurait pas de contamination interhumaine. Les scientifiques ont cherché à savoir pourquoi un plus grand nombre d'Africains - étant donné leurs nombreuses interactions avec les dromadaires - n'avaient pas été infectés. Là-bas, le virus circule principalement chez les dromadaires du Maroc, du Nigeria, de l'Éthiopie et du Burkina Faso. Des échantillons ont été prélevés et il s'est avéré que les variantes présentes en Arabie se transmettent facilement d'une personne à l'autre, mais pas celles d'Afrique.

La différence entre les variantes se situe au niveau des acides aminés de la protéine S. En modifiant génétiquement la variante africaine pour qu'elle ait les mêmes acides aminés "arabes", ils ont réussi à rendre la variante africaine plus infectieuse pour les cellules humaines également. La grande question qui n'est pas posée, bien sûr, est la suivante : pourquoi vouloir faire cela ? Pourquoi vouloir rendre un virus (presque) inoffensif pour l'homme beaucoup plus infectieux, comme cela s'est produit avec le coronavirus ?

Quoi qu'il en soit, les chercheurs pensent que la raison pour laquelle les variantes du Moyen-Orient n'ont pas encore muté pour infecter de nombreuses personnes est que le commerce des dromadaires se fait presque exclusivement dans un seul sens, de l'Afrique au Moyen-Orient. Ils préviennent toutefois que si ce commerce s'inverse à un moment donné, ou si un autre animal devient également porteur et est commercialisé en Afrique, des mutations pourraient survenir et provoquer une pandémie mortelle. (1)

Virus dans le top 10 de l'OMS

123

Le MERS-CoV est très similaire au SRAS-1 et provoque également des symptômes respiratoires très graves. Chez l'homme, il présente encore un taux de mortalité de 35 %. Il n'existe pas encore de traitement ni de vaccin. Depuis 2012, plus de 2 100 personnes ont été infectées par le MERS-CoV, dont 813 sont décédées. Le virus figure désormais dans le top 10 de la liste des maladies émergentes de l'OMS qui doivent être étudiées avec la plus grande priorité (2).

SPARS = MERS-CoV ou SARS-3 ?

A la fin de l'année dernière, le possible successeur de Covid-19 était déjà annoncé : SPARS. Dans une simulation de l'université Johns Hopkins, cette pandémie se déclare en 2025 et dure jusqu'en 2028.

The SPARS pandemic 2025 - 2028 ; A Futuristic Scenario for Public Health Risk Communicators" (PDF, 2017) était une simulation similaire à l'"Event 201" d'octobre 2019, où chaque détail a été pratiqué sur la gestion d'une épidémie mondiale avec un coronavirus, qui, selon les prévisions de travail, tuerait 65 millions de personnes. Cette "simulation", comme vous le savez tous, est devenue une réalité à presque tous les égards (seul le nombre de décès, heureusement, reste loin derrière (encore ?)).

En fait, un document de la Banque mondiale indique que le "projet" actuel, appelé "Programme stratégique de préparation et de réponse (SPRP) Covid-19", durera jusqu'au 31 mars 2025. Ce n'est qu'à ce moment-là que le SRAS-CoV-2 / Covid-19 sera vraisemblablement déclaré définitivement "terminé", bien que le Covid puisse également être remplacé par le MERS-CoV dans l'intervalle.

Ensuite, le successeur pourrait commencer à apparaître immédiatement : SPARS, qui est une référence à la ville américaine de St.Paul où ce futur coronavirus apparaîtra pour la première fois selon la simulation. Ce nouveau virus sera bien sûr rebaptisé en 2025 ou autour de cette date, et pourrait aussi repartir en Asie, par exemple. Mais il pourrait aussi devenir le SRAS-3, qui est déjà prêt dans un laboratoire italien.

Il n'est donc pas improbable que le SRAS devienne en fait le SRAS-3 ou le MERS-CoV. 2025 n'était qu'une année fictive, qui pourrait tout aussi bien devenir 2023 ou plus tôt. La simulation SPARS parlait également d'un vaccin appelé COROVAX comme solution souhaitée pour stopper cette "pandémie", et qui serait introduit dans le scénario en juillet 2026. Trois ans après ce document de 2017, un vaccin COROVAX était littéralement en cours de développement.

C'est ainsi que les anti-vaxxers seraient convaincus.

Une similitude notable avec le SARS-CoV-2 / Covid-19 est que l'infection fictive par le SPARS (/ l'infection par le MERS-CoV ou le SARS-3 ?) est souvent suivie d'une pneumonie bactériologique grave (p. 57). Il décrit également comment une anti-vaxxiste bien connue "voit la lumière" après que son fils en bas âge ait développé une pneumonie sévère, et ne guérisse qu'après l'administration de médicaments réguliers. Les autorités utilisent ensuite des histoires de ce genre pour convaincre les opposants à la vaccination.

Similitude frappante avec 2020-2021 : "... plusieurs politiciens et représentants d'institutions influents ont été critiqués pour avoir fait du sensationnalisme sur la gravité de l'événement à des fins politiques...". Un vaste mouvement sur les médias sociaux, mené principalement par des parents d'enfants affectés au franc-parler, associé à la méfiance généralisée à l'égard des "Big Pharma", a soutenu le récit selon lequel le développement des MCM (vaccins) du SPARS était inutile et dirigé par certains individus à la recherche de profits."

Il a également fait état de "théories de la conspiration" selon lesquelles ce virus a également été créé intentionnellement, et/ou lâché délibérément sur la population par le gouvernement en tant qu'arme biologique (pg. 66). Pendant ce temps, les "Fauci Files", publiés même par les grands médias américains, ont révélé que le coronavirus a été qualifié en interne d'arme biologique délibérément créée dès le 11 mars 2020.

Les non-vaccinés seront bientôt directement accusés.

Les fabricants de produits pharmaceutiques, qui ont prouvé au cours de l'année écoulée à quel point la vaccination pendant une p(l)andémie peut être extrêmement rentable, sont occupés à développer de nouveaux vaccins. Fin mai, Bloomberg a cité GlaxoSmithKline (et son partenaire Sanofi), qui fabrique déjà la prochaine génération de vaccins Covid. Selon Roger Connor, responsable du développement des vaccins, une période d'essai d'un nouveau vaccin sur plus de 37 000 personnes devait commencer dès le mois de juin.

Compte tenu des réactions de plus en plus dures et souvent choquantes de la société à l'égard des personnes qui refusent de se faire vacciner contre le Covid-19 (les appels à la vaccination forcée se font de plus en plus pressants, et les premiers appels à mettre les réfractaires dans des camps ont également été entendus), nous pensons que nous avons dépassé depuis longtemps le stade de la "conviction" des anti-vaxx, et que bientôt, si cette prochaine pandémie survient effectivement, les politiciens et les médias passeront directement à la mise en cause ouverte et mensongère des personnes non vaccinées.

Supposons que les vaccins causent effectivement d'énormes problèmes de santé, comme le prédisent depuis des mois des scientifiques de haut niveau et d'autres experts (voir nos nombreux articles sur ce sujet). Il y aura alors une nouvelle ruée sur les soins de santé et les hôpitaux, après quoi des mesures sévères

seront à nouveau prises. À la télévision, des
"scientifiques" approuvés par le complexe pharma-
vaccins prétendront que ce n'est pas à cause des
vaccins, mais d'une mutation qui a pu apparaître grâce
aux personnes non vaccinées.

Chapitre 20 : Pénurie de carburant

S'agit-il d'un entraînement pour la prochaine cyberattaque contre l'Occident ?

Selon les experts, la cyberattaque contre le principal oléoduc des États-Unis aurait pu être résolue en quelques heures et présente donc toutes les caractéristiques d'une opération sous faux drapeau destinée à mettre le peuple américain complètement à genoux devant la dictature communiste émergente du climat-vaccin de l'ONU/FEM. Les premières stations-service sont à court de carburant, et celles qui en ont encore augmentent leurs prix de façon spectaculaire. Le carburant risque d'être rationné pendant une longue période, et lorsque cela se produira, la nourriture suivra inévitablement.

Selon un expert en informatique, le pipeline Colonial, qui relie Houston (Texas) à Linden (New Jersey), aurait pu être à nouveau opérationnel en quelques heures, car le matériel endommagé aurait pu être rapidement remplacé, la plupart des serveurs informatiques étant aujourd'hui des machines virtuelles (VM). Si seul le logiciel avait été endommagé, la panne n'aurait duré que quelques minutes. Par conséquent, le pipeline disposait de nombreuses sauvegardes à tous points de vue.

Comme aucune reprise n'a été annoncée avant la fin de la semaine, cet informaticien pense que les pénuries d'essence sont provoquées de manière arbitraire. Le diesel est encore utilisé dans les camions, mais seulement pour une durée limitée. Lorsqu'ils s'arrêteront aujourd'hui ou demain, les magasins se videront rapidement, menaçant d'une peur absolue et d'un pandémonium. Au bout d'une semaine, le pays s'arrêtera, au bout de deux semaines, l'approvisionnement en eau potable sera compromis, et au bout de quatre semaines, la civilisation sera terminée.

Le gouverneur de la Caroline du Nord a proclamé l'état d'urgence et a temporairement (?) rationné l'essence. Les pompes des grandes entreprises telles que Shell et BP sont désormais également confrontées à des problèmes d'approvisionnement.

S'agit-il d'une répétition générale de la cyber-attaque majeure prévue récemment ?

Si le gouvernement ne répare pas l'oléoduc d'ici quelques jours, la ruée sur les dernières traces d'essence déjà amorcée sera suivie d'une ruée sur les supermarchés. En effet, il est hautement concevable que ce "faux drapeau" était une répétition de la cyber-crise massive précédemment annoncée par le WEF, qui doit écraser tout l'Occident - y compris l'Europe - afin d'écraser les derniers vestiges de l'opposition au contrôle communiste de notre pays.

Bien entendu, les Russes seront accusés de tout, ce qui, comme nos lecteurs le savent bien, est destiné à rallier les masses encore folles derrière la troisième guerre mondiale également prévue contre la Russie (et éventuellement la Chine).

Vous vous plaignez ? Pas si vous avez voté en faveur de ce système.

Les électeurs des partis de gauche et socialistes, en particulier, ne devraient pas se plaindre, car ces partis, comme presque tous les partis d'opposition de gauche, soutiennent ouvertement le programme "Great Reset / Build Back Better / Agenda-21/2030" et font tout ce qui est en leur pouvoir depuis de nombreuses années pour faire de cet avenir une réalité pour vous et vos (petits)enfants.

Sauf pour eux-mêmes, bien sûr, car, comme dans toutes les dictatures communistes et fascistes de l'histoire, l'élite au pouvoir s'assurera de ne jamais être touchée par ses propres lois liberticides et destructrices de richesse.

Chapitre 21 : Crise alimentaire

L'Europe est entrée dans une crise systémique globale, l'Allemagne accusant déjà les "cyberattaques" (bien sûr, par "les Russes", ce qui devrait préparer la population à un conflit massif - "La perte de 0,025 % de la population mondiale ne justifie pas la ruine de l'économie mondiale".

La "grande réinitialisation" de notre société sûre et prospère, délibérément mise en branle par un virus des voies respiratoires, va se faire sentir beaucoup plus fortement. De plus en plus de signes indiquent que l'Europe est au bord d'une catastrophe alimentaire avec des prix faramineux. Pendant ce temps, les politiciens et les médias continuent de se renvoyer la balle, de rationaliser et parfois même de faire l'éloge de tous les responsables de la souffrance qui s'est déjà produite et qui est en train de se produire.

L'indice des prix alimentaires (FFPI) de l'Organisation des Nations unies pour l'alimentation et l'agriculture (FAO) a augmenté de 2,3 points (2,2 %) en un mois pour atteindre 107,5 en décembre 2020, marquant ainsi la septième hausse consécutive. L'IPFP s'élevait à 53,1 points en 2002, a atteint un pic de 131,9 points en 2011 en raison de la crise financière, puis est retombé à un peu moins de 100.

Crises alimentaire, énergétique et bancaire simultanées

Que les gouvernements exploitent des altérations biologiques tout à fait normales, naturelles et inoffensives pour la grande majorité des gens afin de prolonger et/ou de renforcer les mesures d'enfermement et les limites à la liberté, les chaînes d'approvisionnement alimentaire connaîtront des difficultés similaires à celles que connaît actuellement le secteur de l'électronique (pénurie majeure de puces électroniques).

En Allemagne, on craint déjà une pénurie imminente de fruits et légumes. Ils ont également trouvé une soi-disant cause : les cyberattaques, qui seront, bien sûr, imputées aux " Russes ". L'horrible Forum économique mondial de Klaus Schwab, le cerveau diabolique à l'origine de la "Grande Réinitialisation", prévoit également des cyberattaques contre le système électrique et le secteur financier.

Concept historique : rendre les autres responsables de ses propres actions.

Les denrées alimentaires de base et l'énergie deviennent également de plus en plus chères, et les graves problèmes liés aux comptes bancaires et aux paiements par Internet devraient vous inciter à vous engager dans un conflit massif, très probablement contre la Russie. En réalité, les perturbations énergétiques seront créées par un abandon du charbon, du pétrole et du gaz, puisqu'un passage à l'éolien, au

133

solaire et à la biomasse, peu fiables et coûteux, est nécessaire. En outre, la prochaine crise bancaire majeure est en préparation depuis des années et sera exploitée pour faire passer un système de paiement entièrement numérique avec un euro numérique.

Il s'agit d'un vieux principe historique connu et très utilisé : blâmez le parti que vous considérez comme l'adversaire pour les problèmes que vous avez créés, et vous obtiendrez son soutien. Malheureusement, peu de gens lisent aujourd'hui les livres d'histoire, ou refusent d'en tirer des leçons ("cette fois, nous ferons mieux", "cette fois, les choses seront différentes") parce qu'ils se croient beaucoup plus brillants. (Quelle est notre opinion ? Tout le contraire).

Ou bien vous avez étudié pour cela, et vous avez utilisé les stratégies néo-marxistes de manipulation et de sape de la société que les gouvernements autoritaires et dictatoriaux ont utilisées tant de fois auparavant à l'égard de votre propre peuple d'une manière extrêmement sophistiquée, et qu'ils en soient également reconnaissants.

Avaient-ils des informations privilégiées, ou s'agit-il d'un plan louche ?

À cet égard, l'économiste américain Martin Armstrong évoque la célèbre simulation de pandémie "Event 201" d'octobre 2019, dans laquelle tout ce qui sera fait à partir de 2020 a été discuté, rédigé et élaboré en détail à l'avance, sans oublier de semer délibérément la peur et la panique autour d'un coronavirus commun.

Avaient-ils une vision de l'avenir ou s'agit-il d'un complot infâme visant à réduire la population et le CO2, créant ainsi une hécatombe mondiale, comme certains le pensent aujourd'hui ? De telles idées de conspiration émergent souvent lors de réunions secrètes et de groupes d'élite qui se croient exaltés au-dessus des classes inférieures, qu'ils considèrent comme la "grande racaille".

Les théories de la conspiration, en revanche, ont disparu depuis longtemps, car tous ces plans diaboliques peuvent être lus, entendus et vus ouvertement dans les publications de grands groupes comme le WEF. Même si certains d'entre eux, comme "En 2030, vous ne posséderez rien et serez heureux", ont été retirés après avoir fait sensation. Cela n'empêchera pas les bureaucrates autoritaires d'imposer cet avenir effrayant à vous et moi (mais pas à eux-mêmes) en 2030. (mais probablement beaucoup plus tôt).

La pénurie alimentaire a provoqué des troubles sociaux généralisés (voire une guerre).

Quoi qu'il en soit, les pénuries alimentaires et l'augmentation des coûts sont certaines d'ici à 2024. Cela entraînera une grande instabilité sociale et politique", prévient M. Armstrong. La mauvaise gestion du gouvernement de l'UE pourrait causer sa perte. Après tout, à cause de cette mauvaise gestion, de nombreuses personnes ont perdu leur emploi parce qu'elles ont dû rester à la maison pendant la crise, et leur pouvoir d'achat s'est effondré dans le même temps. C'est le pire des scénarios, et cela me fait me demander si ces dirigeants sont vraiment aussi fous, ou simplement aussi rusés".

Nous croyons les deux. Sournois, parce que cette crise systémique a été planifiée à toutes fins utiles, notamment en contrôlant et en dirigeant entièrement les médias grand public, dans le but de créer un super-État européen dictatorial qui sera (et est déjà) un mélange technocratique de l'ancien système soviétique et de la Chine communiste actuelle.

Stupides, parce qu'ils croient que leur coup de force "Great Reset / Build Back Better / Green New Deal" contre la société libre fonctionnera à long terme, de sorte qu'en 2030, les Bidens de notre époque auront réalisé leur utopie climatique espérée. De toute évidence, ces individus ont perdu le sens des réalités, car sinon, ils devraient se rendre compte qu'avec une approche du tout ou rien, rien de notre civilisation ne survivrait au plus tard en 2030.

Quoi qu'il en soit, M. Armstrong estime que le monde n'est pas préparé à une crise alimentaire, qui sera certainement déclenchée par la poursuite des mesures actuelles. Les pénuries seront plus graves dans les grandes villes. La TVA et les taxes élevées en Europe seront le dernier clou du cercueil pour beaucoup. Il ne suffit pas que les supermarchés soient approvisionnés pendant quelques jours pour qu'une panique généralisée, l'anarchie et la violence éclatent.

Selon l'économiste, les spéculateurs boursiers seront punis, mais nous pensons qu'un délinquant politique, très probablement le président russe Vladimir Poutine, sera également impliqué. Si tel est le cas, il est commode d'avoir déjà déclenché un vaste conflit régional en Ukraine, par exemple, et peut-être au Moyen-Orient, avant cela. Après tout, nous avons vu avec quelle facilité les réseaux d'approvisionnement peuvent être perturbés par un seul porte-conteneurs (canal de Suez).

Bill Gates est l'un des plus importants contributeurs à cette catastrophe.

Armstrong propose ensuite une autre "théorie du complot", selon laquelle Bill Gates est désormais le plus grand propriétaire de terres agricoles aux États-Unis. Vrai ou non, il a été prouvé qu'il a "acheté" l'OMS et l'a dans sa poche, ainsi que le CDC américain et, probablement, toutes les agences équivalentes en Europe. En outre, il possède des actions dans toutes les grandes entreprises pharmaceutiques et est la principale force derrière le partenariat de vaccination GAVI. Ainsi, bien que Gates soit sans aucun doute l'un des plus importants contributeurs à la catastrophe qui s'annonce, les médias occidentaux, qu'il co-contrôle, ne seront jamais autorisés à le publier.

Des centaines de milliers d'exploitations agricoles ont disparu en Amérique et en Europe au cours de la dernière décennie, principalement en raison de l'augmentation constante des taxes et de l'adoption de règles et de législations "environnementales" toujours plus strictes. Les gouvernements ont pu acquérir d'énormes étendues de terre à des coûts extrêmement bas pour des projets tels que le logement, l'énergie "durable" et la "restauration de la nature". Cette stratégie anti-agriculture de longue date menace d'amplifier la catastrophe alimentaire qui se profile.

La perte de 0,025 % de la population mondiale ne justifie pas la ruine de l'économie mondiale.

Pendant ce temps, on s'empresse de vacciner tout le monde contre une maladie qui n'est pas plus mortelle que la grippe", a ajouté M. Armstrong. Le nombre de décès dus au Covid est tellement exagéré que nos politiciens sont soit les personnes les plus stupides, soit les plus fourbes de la planète. Pendant la grippe espagnole, 50 millions de personnes sont mortes, soit 3,125 % de la population mondiale de l'époque (1,6 milliard). Il y a aujourd'hui 7,8 milliards d'habitants sur la planète, et 2 millions de personnes décédées ne représentent que 0,02564 % de cette population. Cela n'excuse en rien l'effondrement de l'économie mondiale".

Les accords de Nuremberg ont été ignorés et même renversés.

Les grands médias applaudissent sans vergogne les mesures de confinement et terrorisent la population. Il devient clair que les vaccinations ne protègent personne de l'infection par le Covid et peuvent même les mettre davantage en danger si la population est anéantie par l'une des nouvelles mutations. Pendant ce temps, les entreprises pharmaceutiques sont totalement exonérées de toute responsabilité. Tous les dirigeants internationaux ont accepté à Nuremberg d'interdire de telles expériences médicales sur le grand public si elles n'avaient pas encore (ou pas correctement) été testées sur des animaux. Les vaccins qui sont administrés n'ont même pas été testés sur des rats ou des souris".

(Ceci est dû, en partie, à la pensée "réveillée" marxiste d'extrême gauche, qui a dépouillé l'homme de toute spiritualité supérieure et ne le considère que comme une machine biologique incapable de transcender la vie animale. En effet, en utilisant les humains comme cobayes plutôt que comme animaux, les gens sont positionnés sous les animaux. Il va sans dire que cet odieux état d'esprit anti-humain ouvre la voie à un bain de sang, à un génocide, comme le monde n'en a jamais vu et n'en verra probablement plus jamais (puisque nous serons beaucoup trop peu nombreux).

Chapitre 22 : La prochaine guerre mondiale ?

La réaction russe aux provocations des bombardiers américains a été sans précédent : trois sous-marins nucléaires ont fait irruption dans la glace polaire au même moment. Les États-Unis pouvaient être anéantis en quelques minutes depuis ce point d'observation.

La situation extrêmement préoccupante en Ukraine atteint maintenant les médias (alternatifs). L'analyste Tom Luongo affirme maintenant que l'Occident, dirigé par Joe Biden, se prépare à une confrontation avec la Russie en Ukraine, peut-être dès après la Pâque orthodoxe (2 mai). La raison fondamentale est que le Kremlin refuse de signer le plan climatique Great Reset 2030 du Forum économique mondial, des Nations unies et de l'Union européenne. Les politiciens occidentaux sont devenus fous au point de commettre l'erreur fatale de supposer que le président Poutine n'osera pas défendre sa nation jusqu'à la mort contre ce coup d'État mondial. Ce faisant, Washington, Bruxelles et La Haye se mettent délibérément en danger de voir éclater une bataille nucléaire à grande échelle.

Aujourd'hui, le conflit tant désiré contre la Russie menace de mettre un terme au fantasme européen d'un "paradis climatique" en 2030, qui, de toute façon, se terminerait des années plus tôt dans un épouvantable cauchemar plein de pauvreté communiste et d'oppression technocratique pour 99 % de la population.

Qui est le véritable "tueur sans âme" ?

Biden n'était président que depuis quelques mois lorsqu'il a qualifié Poutine de "tueur sans âme". Le président russe a répondu par "il en faut un pour en connaître un", de sa manière habituelle, calme et magistrale, puis a invité Biden à une discussion directe.

Bien entendu, Biden a décliné l'offre, car le dément Biden, qui oublie fréquemment où il se trouve et à qui il s'adresse pendant ses discours (des images le montrent maintenant avec des cartes dans la main avec des images de "qui est qui", ainsi qu'un script complet qu'il doit suivre), n'est clairement pas de taille à affronter le dirigeant russe. Les démocrates en sont bien conscients, c'est pourquoi ils veulent le tenir éloigné de la presse autant que possible.

Et puis il y a eu cette conférence de presse humiliante l'autre jour. Est-ce qu'il se présente à la réélection en 2024 ? Il ne sera même plus en vie à ce moment-là. Mais, hey, il ne s'est pas présenté en 2020 non plus, alors quelle est la différence ?", se moque Luongo.

Les représailles russes aux provocations américaines

Quoi qu'il en soit, les relations entre les deux superpuissances sont "épouvantables" depuis la nomination du faux président Biden lors d'un coup politique tape-à-l'œil. Les Américains ne font rien pour changer cela, en fait, exactement le contraire. Récemment, Biden a envoyé des bombardiers stratégiques B-52 pour lancer une fausse frappe sur la Russie à travers le pôle Nord. Les jets sont rentrés au Canada, mais une réponse du Kremlin était inévitable. Trois sous-marins nucléaires russes (un cas unique) ont traversé la glace polaire au même moment. Depuis ce point d'observation, les États-Unis pouvaient être complètement anéantis en quinze minutes.

Obama dit que l'Ukraine est "le projet de Biden".

L'Ukraine est "le projet de Biden", a déclaré Barack Obama. Les Biden sont mêlés à la corruption en Ukraine, comme nous l'avons largement exposé ces dernières années.

Selon Luongo, la situation en Ukraine est "beaucoup plus dangereuse" qu'on ne le dit. Nous vous avons déjà donné une explication possible, et elle n'est pas très rassurante : l'élite occidentale pourrait essayer de submerger la population avec un conflit soudain, en le présentant faussement comme une "attaque surprise russe", à laquelle "bien sûr, nous devons répondre rapidement." Il se peut que l'on ne vous laisse pas le temps d'examiner ce qui se passe réellement, à savoir que ce conflit ne fait que soutenir les intérêts de l'élite climatique de la "grande réinitialisation", qui doit être poussée à bout aux dépens du grand public.

L'escalade de la guerre en Ukraine est "tout cela et plus encore". L'initiative visant à admettre l'Ukraine au sein de l'OTAN et de l'UE est depuis longtemps un objectif des néocons comme Victoria Nuland et des néolibéraux comme Joe Biden. C'est un élément clé de l'ambition du Forum économique mondial d'encercler la Russie, faisant obstacle à l'objectif d'intégration eurasienne qui pourrait servir de rempart contre leur "meilleur des mondes".

L'Occident souhaite contraindre la Russie et la Chine à se conformer à la Grande Réinitialisation.

Biden a invité Poutine et le président chinois Xi Jinping à une réunion sur le climat en avril, dont l'ordre du jour sera dicté par le Forum économique mondial. Étant donné que Poutine et Xi ont tous deux déclaré qu'ils ne s'engageraient pas dans la Grande Réinitialisation et l'Agenda 2030, ainsi que dans la "Quatrième Révolution Industrielle" de Klaus Schwab (en réalité, la Grande Déconstruction Industrielle), cette réunion est vouée à l'échec dès le départ (bien qu'il ne fasse aucun doute qu'un certain nombre de belles paroles seront prononcées, mais ensuite, la Russie et la Chine suivront chacune leur propre voie).

Ce sommet semble être une énorme perte de temps, car tout le monde à travers le monde sera menacé par ce qu'il peut attendre de l'Occident en termes de politique, jusqu'à ce que quelqu'un mette fin à la misère de ces individus lunatiques", a déclaré Luongo. Par exemple, le Royaume-Uni, dirigé par le dictateur Boris Johnson, s'enfonce de plus en plus dans un cauchemar totalitaire à cause de Covid-19, tandis que la propagande anti-russe atteint des sommets.

La guerre dans le Donbass, potentiellement dès demain

L'Ukraine est "directement impliquée dans toutes ces conneries sur le changement climatique". Poutine pense également que Biden ne permettra aucune escalade en Ukraine parce qu'il y est attaché et qu'il doit achever le travail qu'il a commencé en 2014 en renversant (le président démocratiquement élu) Viktor Yanukovich. En conséquence, nous assisterons à quelque chose de bien pire que la "campagne de biscuits" pour la liberté de Victoria Nuland. Nous aurons un combat pour le Donbass sous peu, très probablement peu après la Pâques orthodoxe et la fonte de l'hiver.

Selon M. Luongo, Poutine a déployé des efforts considérables pour mettre un terme à ce cercle vicieux, "parce qu'il sait où cela mène". Il s'agira d'une épreuve de force au cours de laquelle Poutine devra soit regarder l'Ukraine lancer une guerre contre les russophones du Donbass et de la Crimée avec le soutien de l'Occident, soit intervenir de toute façon, sachant que l'Occident s'en servira immédiatement pour le dépeindre comme l'"agresseur".

L'Occident se prépare à une escalade ; l'UE refuse le dialogue depuis des années.

Selon M. Luongo, l'Occident n'a d'autre choix que de s'engager dans l'escalade, car il n'a rien à gagner d'un retour au calme, à la paix et à la collaboration. La Russie doit être maîtrisée ou détruite pour que la grande réinitialisation fonctionne et que l'Europe reste un acteur mondial important. Cela implique le contrôle de la mer Noire et la conquête de la Crimée".

Le ministre russe des Affaires étrangères, Sergueï Lavrov, s'est récemment inquiété du fait que l'UE n'ait pas maintenu de liens diplomatiques avec le Kremlin après le vote de 2014, au cours duquel les habitants de Crimée ont déclaré à une quasi-unanimité vouloir appartenir à la patrie russe. La diplomatie entre les grandes nations a pratiquement disparu". La réticence manifeste de Biden à s'engager dans un dialogue ouvert avec Poutine est une préoccupation majeure.

La grande réinitialisation est entravée par la domination eurasienne sur le pétrole et le gaz.

Tout ce qui s'est passé depuis la "couronne" de mesures totalitaires et oppressives en Occident, y compris la destruction progressive des PME et de la liberté, est conforme à la "grande réinitialisation" du WEF, qui comprend la destruction totale de l'économie "fossile" et, avec elle, la fin de la sécurité énergétique et du caractère abordable de l'énergie pour les citoyens occidentaux.

Cependant, si la production de pétrole, de gaz et de charbon continue sous le contrôle de l'Eurasie, les ambitions mégalomaniaques des Atlantes ne se réaliseront jamais. Il ne leur reste plus beaucoup de temps pour imposer leur tyrannie mondiale communiste climato-vaccinale, car l'opposition de l'opinion publique occidentale à la dévastation totale de leur société et de leur avenir grandit de jour en jour.

L'Occident n'aura pas une fin de guerre joyeuse.

S'il y a un conflit dans le Donbass ce printemps, il n'aura pas une belle conclusion dans laquelle l'Amérique (et l'Europe) resteront au pouvoir à l'avenir, mais ce sera le moment où nous comprendrons que notre descente dans l'insignifiance s'est accélérée.

Avec un peu de malchance, cette détérioration peut même aboutir à une bataille nucléaire, dans laquelle la Russie (peut-être aidée par la Chine) décide de couper la "tête du serpent" qui menace de plus en plus l'existence de l'humanité depuis si longtemps. Cela pourrait inclure une frappe nucléaire (limitée) sur des villes comme Washington, New York, Londres, Bruxelles et Rome (le Vatican), ainsi que Los Angeles (Hollywood), Paris, Strasbourg, Berlin, Francfort et La Haye.

Nous pouvons être certains d'une chose : si cela ne tenait qu'à Vladimir Poutine, nous n'en serions jamais arrivés là. Il reste à voir s'il y aura assez de temps pour que la peur, la soif de pouvoir et la folie pure qui ont complètement envahi les villes citées fassent place à un retour à la raison, à la sobriété et, surtout, à un véritable souci du bien-être et de l'avenir de tous les habitants. Malheureusement, les présages pour cela pointent maintenant dans l'autre direction.

Si la Chine s'y joint, la troisième guerre mondiale est un fait !

Si la Chine s'engage dans une bataille majeure avec l'Occident, comme une guerre avec Taïwan, le Japon et l'Australie pourraient être pris pour cible, et des hostilités pourraient éclater entre la Corée du Nord et la Corée du Sud, l'Inde et le Pakistan, l'Inde et la Chine, l'Iran et l'Arabie saoudite, et l'Iran et Israël. La troisième guerre mondiale deviendra alors une réalité.

Pour l'instant, nous pensons que la dernière grande conflagration mondiale ne se produira pas avant 2025 ou 2030. Néanmoins, chacun verra qu'un conflit en Ukraine pourrait facilement faire tomber tous les autres dominos bien plus tôt.

Chapitre 23 : La pression de l'Est ?

Comment l'Amérique répondrait-elle au soutien militaire chinois pour une déclaration d'indépendance de Porto Rico ?

Un porte-parole du ministère chinois de la défense a exigé, dans une déclaration officielle, que les États-Unis coupent "tous les liens militaires avec Taïwan". L'Amérique est le principal fournisseur d'armes de Taïwan depuis des années. Pékin considère toujours l'île comme une province renégate qui doit être rattachée à la Chine quoi qu'il arrive. Si les États-Unis s'y opposent, "cela signifie la guerre".

La réunification complète de la Chine est une nécessité historique, et le grand rajeunissement de la nation chinoise est une tendance irrépressible", a déclaré Ren Guoqiang (photo). Les aspirations communes du peuple chinois sont la paix et la stabilité dans le détroit de Taïwan. Un "Taïwan indépendant" est une impasse, et toute tentative en ce sens est synonyme de guerre".

Les Chinois exigent que le gouvernement de Washington revienne à un soutien sans compromis de la politique d'une seule Chine. Peu après l'entrée en fonction du président Biden, les responsables américains ont parlé ouvertement pour la première fois d'un "Taïwan indépendant", ce qui allait à l'encontre des souhaits de Pékin.

Le 15 juin, pas moins de 28 appareils de l'armée de l'air chinoise, dont des bombardiers capables de transporter des armes nucléaires, ont pénétré dans la zone de défense aérienne de Taïwan. Ce n'était pas la première fois que cela se produisait, mais en si grand nombre.

Hier, le ministre taïwanais des affaires étrangères, Joseph Wu, a averti que le pays devait se "préparer" à une éventuelle invasion chinoise. Nous ne pouvons pas prendre de risque... Maintenant que le gouvernement chinois dit qu'il ne rejette pas l'usage de la force et qu'il effectue des exercices militaires autour de Taïwan, nous sommes plus enclins à croire que c'est réel".

Comment l'Amérique réagirait-elle au soutien chinois pour un Porto Rico indépendant ?

Du point de vue chinois, la situation est plus ou moins comparable à une déclaration d'indépendance fictive de l'île caribéenne de Porto Rico, prise par les États-Unis en 1898. Le gouvernement fédéral de Washington ne reconnaît alors pas cette indépendance, après quoi la Chine commence à armer l'île.

Comment le régime de Washington réagirait-il ? Compte tenu de l'histoire des États-Unis, probablement par la force brute, bien plus tôt que ce que les Chinois pourraient faire avec Taïwan aujourd'hui.

Néanmoins, nous pensons que tous les peuples devraient avoir le droit à l'autodétermination, c'est-à-dire à une véritable démocratie. Ce ne sont pas les dirigeants, les gouvernements et les institutions, mais les citoyens qui devraient avoir le dernier mot. Or, ce n'est guère le cas nulle part, et certainement pas en Occident, où la démocratie a été complètement démantelée et n'est qu'un simulacre pour une technocratie de plus en plus autoritaire.

"Dans 4 semaines, une guerre mondiale pourrait être déclenchée en Ukraine, alors que Poutine envoie 4 000 soldats et chars à la frontière", titrait récemment *The Sun*, le tabloïd le plus célèbre de Grande-Bretagne.

Qu'elle fasse sensation ou non, l'annonce de l'envoi prochain de 5 000 soldats chinois en Iran est extrêmement dangereuse. En outre, Téhéran a fait la démonstration d'un missile de croisière capable de frapper Berlin, et les mollahs ont garanti leur soutien à la Russie au cas où l'Ukraine lancerait une attaque frontale contre la Crimée et le Donbass, déclenchant une guerre menée par l'OTAN.

Seul un "psychanalyste" peut comprendre les objectifs de Moscou, selon l'analyste militaire russe Pavel Felgenhauer, qui a également averti que l'évolution de la situation pourrait conduire à une guerre catastrophique dans un mois.

Tout le chagrin causé par le coup d'État de 2014.

En 2014, la CIA a orchestré un violent coup d'État en Ukraine avec l'aide des États-Unis et de l'UE. Le président démocratiquement élu du pays a été renversé et remplacé par une dictature fantoche soutenue par l'Occident, qui a lancé une guerre meurtrière contre la population russophone du pays dans l'est.

Afin de faire entrer l'Ukraine dans l'OTAN le plus rapidement possible, un attentat sous faux drapeau très probable a été perpétré contre un avion de ligne (MH17) reliant Amsterdam à la Malaisie, qui a été délibérément dirigé par le contrôle aérien ukrainien au-dessus de zones de guerre.

Le principal port naval de la Russie à Sébastopol (Crimée) serait perdu et, une fois les bases de l'OTAN érigées en Ukraine, les armes nucléaires de la Russie pourraient être détruites par des missiles américains lors d'une attaque surprise en quelques minutes, mettant le pays sans défense.

La Chine envoie 5 000 soldats en Iran, qui a lancé un missile capable de frapper Berlin.

Cependant, un axe est en train de se former, qui en a assez des années de racisme et de bellicisme de l'Occident dirigé par les Américains, ainsi que de toutes ces missions prétendument "de paix et de démocratie" qui ont assassiné des millions de personnes au cours de ce siècle. La République islamique d'Iran, par exemple, a dévoilé samedi dernier un nouveau missile de croisière d'une portée de 3 000 kilomètres capable de frapper Berlin.

Entre-temps, la Chine a annoncé d'importantes dépenses d'un milliard de dollars en Iran, notamment le déploiement de 5 000 soldats et la création de nouveaux avant-postes militaires.

La lumière de l'Occident, déjà disparue, est-elle en train de s'éteindre pour de bon ?

En janvier 2018, la BBC au Royaume-Uni a diffusé un journal télévisé simulé sur le début d'une guerre entre l'OTAN et la Russie, avec le lancement d'armes nucléaires après seulement une heure. Une annonce fictive similaire de la troisième guerre mondiale avec la Russie a été diffusée par le radiodiffuseur public allemand.

Appelez cela de l'alarmisme ou de la programmation prédictive, mais une chose est claire en ce début d'année 2021 : ces dernières années, nous n'avons eu en Occident, comme dans notre propre pays, que des dirigeants, des médias et des institutions qui ne savent que mentir et tricher froidement sur les questions importantes, qu'il s'agisse de la Russie, du coronavirus, des vaccinations ou du climat. La lumière, comme leurs dirigeants, a disparu depuis longtemps pour ceux qui s'y laissent prendre les yeux ouverts et/ou pensent même parfois que c'est une bonne chose. Pire, ce qui était auparavant lumière a été rebaptisé ténèbres, et ce qui était ténèbres a été rebaptisé lumière.

La Russie, la Chine et l'Iran sont tous sous le feu des critiques, mais on ignore combien de temps il reste à l'Occident pour revenir à la raison, se regarder dans le miroir et admettre à quel point nous sommes tombés en tant que "civilisation" soi-disant avancée. Si nous

153

continuons à notre rythme actuel, ce ne sera pas plus de 10 ans environ, et si Le Soleil a raison pour une fois, ce ne sera pas plus de 10 semaines. Lorsque cette catastrophe plus probable se produira, elle sera inattendue pour la grande majorité d'entre nous, et totalement de notre responsabilité, à notre avis.

Chapitre 25 : L'Occident contre la Russie

Une "menace extrêmement grave pour la sécurité nationale" n'est qu'un pas vers la déclaration de guerre.

En raison de la "menace unique et sans précédent que représente la Russie pour la sécurité nationale, la politique étrangère et l'économie des États-Unis", le président américain Joe Biden a proclamé un "état d'urgence national". Les États-Unis expulsent dix diplomates russes et appliquent de nouvelles restrictions. La Russie prépare intensivement son armée et sa flotte à un grand conflit (mondial), qu'elle craint - à juste titre - que les Américains, de plus en plus agressifs, ne veuillent déclencher.

Les seules personnes qui se sont opposées à la " grande réinitialisation " des mondialistes occidentaux sont Trump et Poutine. Trump a été disculpé grâce à la plus grande fraude électorale de l'histoire ; maintenant, c'est au tour de la Russie. Les technocrates néo-marxistes fous d'Amérique et d'Europe semblaient croire qu'ils pouvaient gagner une guerre contre la Russie sans causer trop de dégâts.

La Russie se prépare à la guerre.

En conséquence, la Russie va expulser un grand nombre de diplomates américains. Le détroit de Kerch, qui relie la péninsule de Crimée et le continent russe, sera fermé à tous les bateaux de la marine et aux bateaux étrangers à partir de la semaine prochaine.

La fermeture durera jusqu'en octobre et concerne principalement les villes portuaires ukrainiennes de Mariupol et Berdyansk.

Près de la frontière ukrainienne, des véhicules blindés et des camions russes ont été repérés avec des "bandes d'invasion". Ces bandes blanches transparentes sont peintes sur les véhicules pour les protéger contre les tirs de leurs propres avions et chars. Cela semble indiquer que la Russie envisage réellement de mettre un terme à l'administration néonazie de Kiev, soutenue par l'Occident, qui, comme nos lecteurs le savent, tente depuis des années de créer une guerre massive entre l'OTAN et la Russie.

L'Ukraine affirme que plus de 110 000 soldats russes, 330 avions et 240 hélicoptères seront stationnés le long de sa frontière. Kiev prétend que la Russie transfère des armes nucléaires en Crimée, mais nous avons des doutes. En effet, rien n'oblige la Russie à le faire ; l'Ukraine pourrait théoriquement être anéantie par des armes nucléaires lancées de n'importe où sur la planète.

La majorité de la flotte russe du Pacifique est rentrée à Vladivostok et y est correctement réapprovisionnée, selon des images satellite. Au moins un navire de guerre naval reçoit de "nouveaux" missiles à bord. Cela suggère que la Russie s'attend à ce que tout conflit dépasse le cadre de l'Ukraine et s'étende au reste du monde.

Il semble qu'un affrontement militaire entre les États-Unis et la Russie ne soit qu'une question de temps.

Maintenant que le président américain a qualifié la Russie de "danger pour la sécurité nationale" et que M. Biden a donné l'ordre de répondre à cette "menace", l'affrontement militaire que Washington et Bruxelles appellent de leurs vœux depuis longtemps semble n'être qu'une question de temps, voire une question de semaines.

Le président Poutine sait depuis longtemps comment l'Occident opère et, par conséquent, il a refusé l'offre d'une rencontre avec le vice-président Joe Biden. Ce ne serait rien d'autre que la fameuse diplomatie occidentale du chantage ("nous voulons la paix, mais seulement à nos conditions, et si vous n'êtes pas d'accord, nos bombes et nos missiles suivront"), qui a coûté la vie à des millions de personnes au cours des deux dernières décennies seulement.

'Les néoconservateurs belliqueux font exactement ce qu'ils ont dû cesser de faire en 2016 lorsque la victoire de Trump a fait voler en éclats leurs préparatifs sataniques de guerre avec la Russie.... Ensuite, nombreux étaient ceux qui affirmaient que Trump était dangereux', déclare Hall Turner, un présentateur radio

américain. Cet imbécile sénile et dément sera notre
ruine à tous", dit Biden.

Nous n'avons vraisemblablement pas besoin d'expliquer
ce que cela dit de l'état mental des dirigeants
européens, qui ont été si choqués lorsque ce "demi-
sujet" belliciste a réussi à arracher de la Maison Blanche
le Trump qu'ils méprisaient, et ils ne semblent pas non
plus se soucier de ce qui arrive à vous, à moi et à des
centaines de millions d'autres personnes.

Chapitre 26 : Le nouveau "Green Deal" (contrat vert)

Ocasio-"Le New Deal de Green Cortez" implique "l'extinction de toute vie sur Terre" - "Si les combustibles fossiles sont abolis, chaque arbre de la planète sera abattu".

Le Dr Patrick Moore, cofondateur de Greenpeace, a fustigé Alexandria Ocasio-Cortez (photo), la nouvelle coqueluche de la gauche "progressiste" américaine. La " socialiste démocrate " a proposé un " Green New Deal ", qui coûterait des dizaines de milliards de dollars et, selon de nombreux détracteurs, ramènerait les États-Unis à la civilisation préindustrielle. Moore a qualifié Ocasio-Cortez d'"hypocrite" et d'"abruti pompeux" parce que l'exécution de sa demande d'éliminer progressivement les combustibles fossiles - ce que l'administration européenne a déjà commencé à faire avec la fermeture du gaz naturel - entraînera des "décès massifs."

Moore a quitté "son" Greenpeace il y a des années lorsque l'organisation environnementale a été détournée de l'intérieur par des anarchistes d'extrême gauche comme Ocasio-Cortez.

Tous les vols et les automobiles doivent être interdits de vol (sauf les siens).

Le "Green New Deal" propose que les États-Unis abandonnent toute dépendance au pétrole, au gaz et à l'énergie nucléaire. Le train doit remplacer le transport aérien (même à travers les mers), et 99 % des automobiles doivent être éliminées progressivement.

Bien sûr, à l'exception de la classe dirigeante, les choses ont continué comme si de rien n'était. Selon le New York Post, Ocasio a une "empreinte carbone" massive, en partie parce que son personnel de campagne s'appuie presque entièrement sur des automobiles à essence normales. Elle a pris l'avion 66 fois entre mai 2017 et décembre de l'année dernière, contre seulement 18 fois par le train, auquel, si elle n'en faisait qu'à sa tête, tout le monde serait obligé de se convertir.

Les fonds socialistes continuent de faire pression pour la gratuité des logements.

En outre, toutes les structures des États-Unis devront être modifiées en profondeur, voire reconstruites, afin de respecter des réglementations climatiques extrêmement strictes. Cortez propose de financer des millions de postes gouvernementaux pour cette raison. Ceux qui ne souhaitent pas travailler seront d'ailleurs libres de rester chez eux et ne devront plus payer de frais de logement. Mais qui le souhaiterait ?

Comment "AOC" compte-t-il financer son utopie verte ? En termes simples, la seule façon de payer ses plans draconiens et extrêmement coûteux est d'ouvrir les presses à billets. Parce que "nous allons réussir cette fois-ci", a déclaré M. Cortez dans une interview antérieure, le fait que ce socialisme a entraîné une pauvreté et une misère généralisées tout au long de l'histoire ne devrait pas être une préoccupation.

"Ce plan implique l'annihilation de toute vie. Brillant.

Selon le Green New Deal, toutes les émissions à effet de serre doivent être éliminées de l'environnement. La réponse de Moore : "Techniquement (scientifiquement) parlant, cela implique la suppression de toute vapeur d'eau et de tout CO2, ce qui implique l'éradication de toute vie. Brillant.

Si vous n'aimez pas l'accord, vous n'avez qu'à présenter votre propre proposition audacieuse pour lutter contre la catastrophe climatique mondiale", a ensuite tweeté AOC. En attendant, c'est nous qui commandons, et vous ne faites que crier depuis les tribunes".

L'épuisement des combustibles fossiles entraînera des décès massifs".

Moore a rétorqué, "abruti pompeux". Vous n'avez aucune stratégie pour nourrir 8 milliards de personnes sans utiliser de combustibles fossiles, ou pour livrer de la nourriture dans les villes. Des chevaux ? Si les combustibles fossiles sont interdits, tous les arbres de la planète seront abattus afin de fournir du combustible pour la cuisine et le chauffage. Vous allez tuer beaucoup de gens... Vous n'êtes rien de plus qu'un hypocrite comme les autres, avec une compétence ZERO dans n'importe quel domaine que vous prétendez connaître".

Vous vous faites des illusions si vous pensez que les combustibles fossiles vont disparaître de sitôt", a ajouté M. Moore en réponse à un tweet d'un autre fanatique du climat qui affirmait que "la fin des combustibles fossiles est certaine". Peut-être dans 500 ans. L'attitude d'AOC est imprudente et insultante. C'est une débutante qui prétend être intelligente. Si son espèce est aux commandes, elle va nous anéantir".

Nos autres livres

Consultez nos autres livres pour découvrir d'autres informations inédites, des faits exposés et des vérités démystifiées, et bien plus encore.

Rejoignez le cercle exclusif des médias de Rebel Press !

Chaque vendredi, vous recevrez dans votre boîte de réception de nouvelles informations sur la réalité non rapportée.

Inscrivez-vous ici dès aujourd'hui :

https://campsite.bio/rebelpressmedia

www.ingramcontent.com/pod-product-compliance
Lightning Source LLC
LaVergne TN
LVHW011013200726
843509LV00011B/1086